Heinrichs
Mast und Rigg richtig trimmen

BORDPRAXIS
SEEMANNSCHAFT

MAST UND RIGG RICHTIG TRIMMEN

Michael Heinrichs

Pietsch Verlag Stuttgart

Impressum

Einbandgestaltung: Johann Walentek, unter Verwendung eines Dias der Segelmacherei Schultz-Segel, Kiel.

Bildnachweis:
Für die freundliche Unterstützung und Projektbegleitung sowie für die zur Verfügungstellung des Fotomaterials geht mein herzlicher Dank an die Segelmacherei Schultz-Segel, Kiel.

Meiner Frau Brigitte danke ich für die Anfertigung der Textgraphiken.

ISBN 3-613-50196-1

1. Auflage 1994

Postfach 10 37 43, 70032 Stuttgart.
Ein Unternehmen der Paul Pietsch Verlage GmbH & Co.

Satz: Fotosatz Schönthaler, 71638 Ludwigsburg
Druck: Maisch + Queck, 70839 Gerlingen
Bindung: K. Dieringer, 70839 Gerlingen

Printed in Germany

Inhalt

Zur Einführung

Ein kalter Tag im Frühling. Das Boot ist zu Wasser gelassen und wartet darauf, aufgetakelt zu werden. Verzweifelt schaut man auf die widerspenstigen Drähte, das Tauwerk, die Blöcke, Wantenspanner und die Saling. All das findet nur durch persönlichen Einsatz seinen letztendlichen Platz. Aber es ist kalt. Und der Wunsch wächst, möglichst schnell in die Wärme zu kommen.

So mancher Segler – egal ob Regatta- oder Fahrtensegler – kennt diese stereotype Situation an einem kalten Frühjahrstag, an dem es einen drängt, möglichst schnell wieder an den Kamin zu kommen. Der innere Schweinehund jedoch ist stark. Also setzt man den Mast dahin, wo er auch im letzten Jahr gestanden hat. Wanten und Stage werden mit Hilfe der Spanner *so etwa* wie im letzten Jahr angezogen. Anschließend wird das Boot wieder vertäut. Klar zum Ablegen beim ersten Sonnenstrahl. »Same procedure as every year!«

Natürlich ist solch ein Verhalten verständlich, aber dennoch ist doch überraschend, daß selbst erprobte Seebären nicht einmal im Traum daran denken, während der Saison etwas am Rigg zu verändern. Folglich segelt man den gesamten Sommer hindurch mit dem Trimm, den man an jenem kalten Frühjahrstag einmal eingestellt hat.

Natürlich steht es jedem anheim, auch mit einem falschen Trimm die gesamte Saison zu segeln. Aber kommt es nicht schon fast einem »Verrat« am Boot, an sich selbst und der Crew gleich, mit einem Boot zu segeln, das nicht in der Lage ist, sein Bestes zu geben? Sicherlich ist es schön, nach einem langen Winter wieder aufs Wasser zu kommen und das Seglerleben zu genießen. Aber fehlt da nicht irgendetwas?

Doch: Die innere Freude, die entsteht, sobald man am Ruder merkt, daß das Boot perfekt ausbalanciert ist und unter den gegebenen Wetterverhältnissen

SC
G-3
Para Dos
WVM

sein absolutes Maximum an Fahrt und Höhe läuft. Für den Regattasegler und für denjenigen, der nur manchmal an Regatten teilnimmt, ist der richtige Trimm des Bootes eine Selbstverständlichkeit.

Aber warum sollte dies nur den Regattahasen vorbehalten bleiben? Ein richtiger Trimm fällt nun einmal nicht einfach so vom Himmel. Und – das sei hinzugefügt – was für *ein* Rigg gilt, gilt nicht automatisch auch für das *andere*.

Die Hochtakelung ist, weil sie robust ist und nicht die Trimmwissenschaft notwendig macht, für Fahrtenyachten bestens geeignet

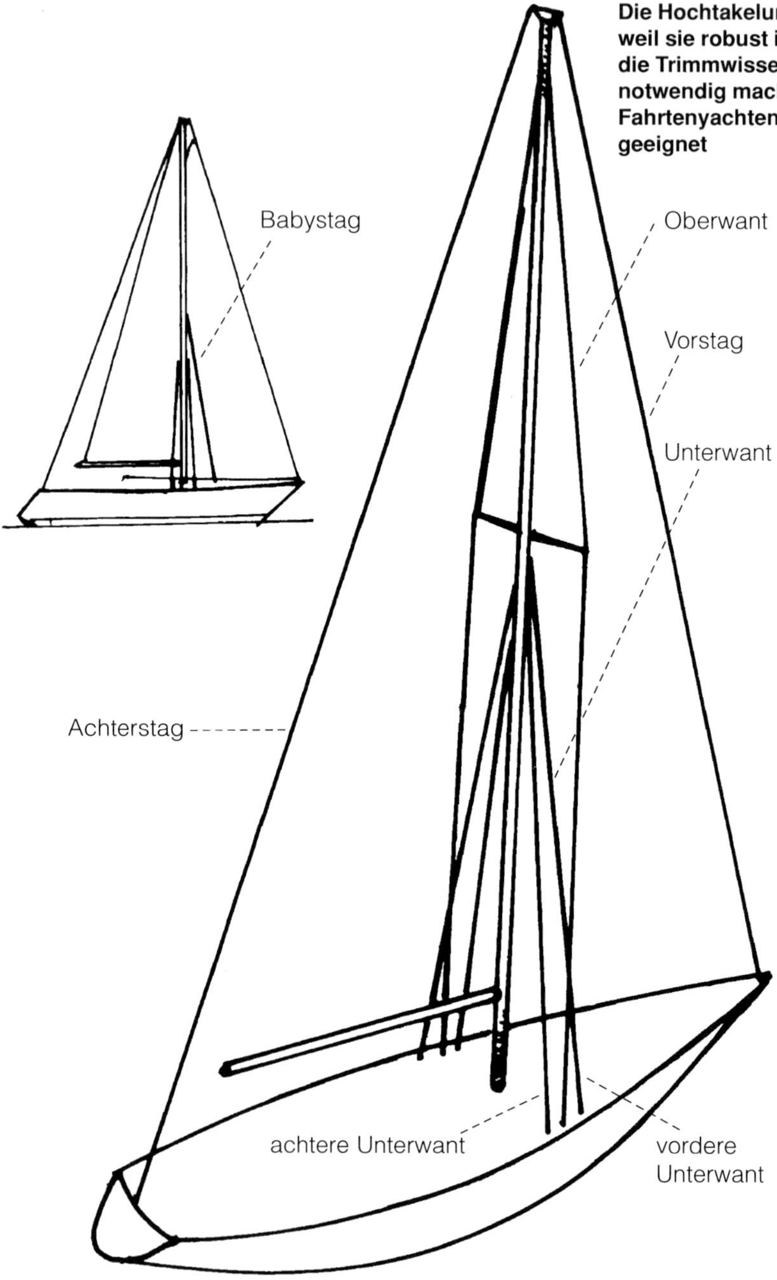

Die verschiedenen Riggtypen

Die Hochtakelung

Für den Einstieg, und weil es die häufigste Takelungsart ist, haben wir die Hochtakelung ausgewählt, die aus einem bis zum Top geführten Vorstag sowie den Oberwanten und einem oder zwei Paar Unterwanten besteht. Bei vielen Serienschiffen haben die Konstrukteure den Mastfuß an einer bestimmten Stelle zwangsplaziert, so daß erst gar nicht die Versuchung entsteht, etwas an der Plazierung des Mastfußes ändern zu wollen. Ist dies so, muß man leider mit der Hoffnung leben, daß die Konstrukteure richtig gerechnet haben.

Wo jedoch die Position des Mastes verändert werden kann, gibt es zwei Möglichkeiten: Man fragt andere, die ein vergleichbares oder sogar gleiches Schiff haben, nach ihren Erfahrungen oder man startet auf der Grundlage seiner eigenen Erfahrungen, indem man den Mast erst einmal auf die Mitte der Mastspur setzt. Fürs erste soll hier die Erklärung reichen, daß das etwas mit der Luv- bzw. Leegierigkeit des Schiffes zu tun hat. Ein Schiff ist luvgierig, wenn es auf der Kreuz bei losgelassener Pinne die Angewohnheit hat anzuluven. Bei Leegierigkeit fällt es entsprechend ab. Dazu später mehr.

Im Hafen gibt man dem Schiff zunächst einen groben Trimm. Der letztendliche Trimm erfolgt auf dem Wasser bei einer Windstärke von über 5 m pro Sekunde oder um Windstärke 4.

Kurzgefaßt

Mast zuerst Mitte Mastspur stellen, Grobtrimm im Hafen vornehmen.

Der Masttrimm

Für die Neigung des Mastes in Längsschiffsrichtung ist das

Vorstag verantwortlich. Bei steifen und schweren Fahrtenschiffen mit Hochtakelung sollte der Mast senkrecht stehen oder eine schwache achterliche Neigung von etwa 5° aufweisen. Auf gar keinen Fall aber sollte er nach vorne neigen. Wie aber kann man das feststellen? Ganz leicht!

Nachdem man sich vergewissert hat, daß das Boot weder heck- noch buglastig ist, das heißt es liegt in seiner *Konstruktionswasserlinie*, knotet man ein Gewicht ans Großfall, um ein simples, aber effektives Meßinstrument zu haben. Man spannt das Achterstag ein wenig und reguliert mit Hilfe des Wantenspanners am Vorstag so lange nach, bis die erwähnte Stellung erreicht ist.

Um nun zu verhindern, daß der Masttop aufgrund des Winddrucks nach Lee gekrümmt wird, müssen die Oberwanten sehr dicht angezogen werden. Würde man das nicht machen, hätte dies Einfluß auf die Höhe beim Kreuzen. Richtig die Oberwanten dicht setzen, heißt nicht automatisch übertreiben. Man muß sich stets vor Augen halten, daß der Säulendruck des Mastes unnötig hohen Druck auf Kajütdach oder Deck ausüben kann. *Achte also – so der Tip – stets darauf, daß der Mast absolut gerade steht. Der Mast darf sich auch nicht in Querschiffsrichtung neigen.*

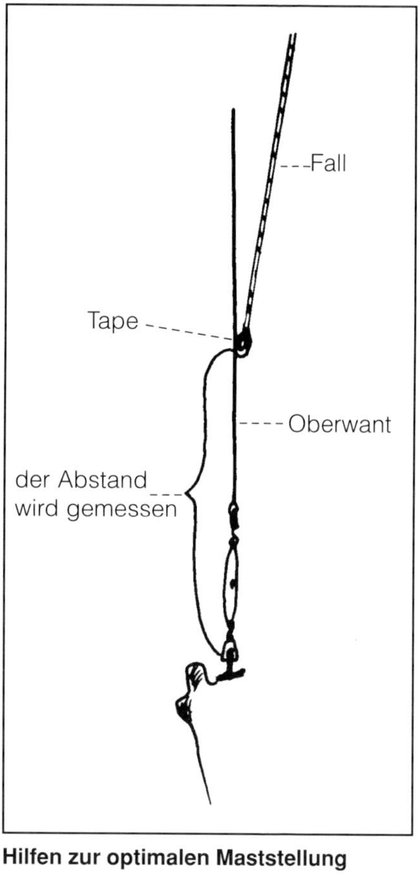

Hilfen zur optimalen Maststellung

Wie soll nun das funktionieren? Nichts einfacher als das. Man nimmt wieder das Großfall und führt es bis zur Want. Den Berührungspunkt markiert man

Eine sichere Methode, um festzustellen, ob der Mast gerade im Boot steht

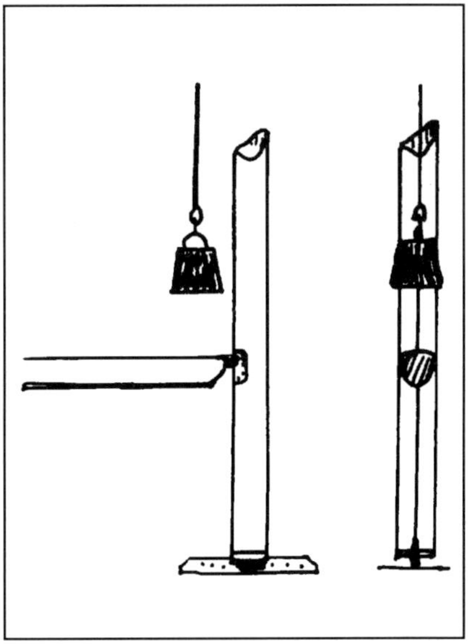

mit Tape. Jetzt mißt man den Abstand von Berührungspunkt bis Deck. Nachdem man das gleiche auf der anderen Seite auch durchgeführt hat, vergleicht man die Ergebnisse und stellt die Wantenspanner entsprechend ein.

Um die Mastneigung in Längs- und Querrichtung messen zu können, muß man ein Gewicht anhängen.

Unterwanten dürfen nicht zu dicht gesetzt werden, sondern sollten eher etwas mehr Lose haben. Ziel ist es nämlich, einen Mast zu haben, der auch während des Segelns gerade steht und nicht nur im Hafen. Eine Unterwant ist kurz und kräftig, daher bringt sie nicht so viel wie die dünnere und längere Oberwant.

Steht der Mast auf dem Deck, hat man normalerweise zwei Paar Unterwanten, was eine grundsolide Abstützung be-

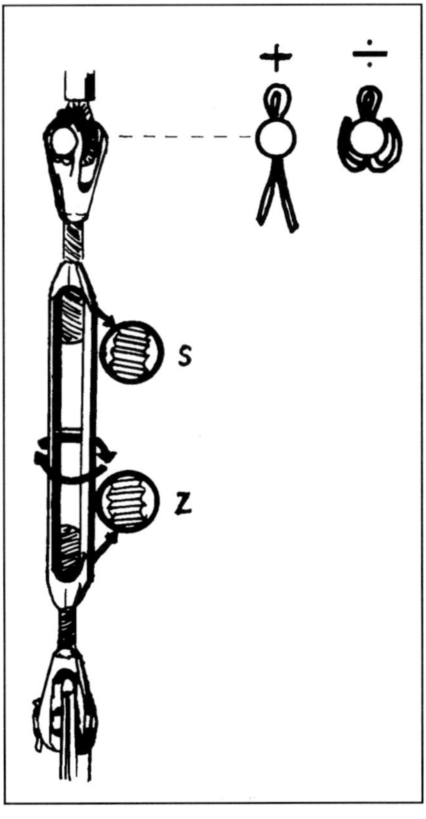

Ein traditioneller Wantenspanner. Es gibt ausgeklügeltere Systeme, doch ist der hier abgebildete für Fahrtenyachten ausreichend, wenn er aus rostfreiem Stahl hergestellt ist

deutet. Die vorderste Unterwant erreicht das Deck ein wenig vor dem Mast, um zu verhindern, daß der Mast in der Mitte nach achtern *pumpt*, wenn man bei Seegang segelt. Folglich setzt man die vordere Unterwant ein wenig dichter als die hintere. Wenn der Mast sich auf der Kreuz krümmt, würde die achtere strammer und die vordere loser sein. Das aber kann ja nicht Sinn unserer Trimmerei sein. Schließlich wollen wir einen geraden Mast in allen Lebenslagen. Um aber die genaue Balance zu erhalten, bleibt nichts anderes als die leidige Ausprobiererei übrig.

Bei Riggtypen mit nur einem Paar Unterwanten findet man häufig ein sogenanntes *Babystag*, das von der Mastmitte bis zum Vorschiff ein klein wenig vor dem Mast hinuntergeht. Dieses Babystag muß als Trimmausgangspunkt so dicht gesetzt werden, daß der Mast in der Mitte eine Idee nach vorne krümmt.

Kurzgefaßt

Für den Grobtrimm soll der Mast beim Maststellen absolut senkrecht stehen. Regulierung mittels Vorstag und Achterstagspanner. Oberwanten dicht anziehen, Unterwanten etwas lokkerer, wobei die vordere Unterwant dichter sein sollte als die hintere. Bei Booten mit nur einer Unterwant eventuell vorhandenes Babystag dicht anziehen. Querschiffsneigung vermeiden mittels Wantenspannern.

Das Achterstag

Ein anderes wichtiges Trimminstrument während des Segelns ist das Achterstag. Fahrtensegler, die ihr Achterstag mit einem Wantenspanner ein für allemal dicht gesetzt haben, sollten den Wantenspanner sofort gegen etwas leicht Verstellbares austauschen. Möglichkeiten gibt es viele. Abhängig sind sie lediglich von der Bootsgröße, den Regattaambitionen des Skippers und dem Portemonnaie. Bei Booten über 28 Fuß Länge ist ein Handrad zu empfehlen, obwohl man mit diesem nicht so schnell trimmen kann.

Eine Hydraulik auf einem Boot zu installieren, das überwiegend der Fahrtensegelei dienen soll, wäre hier zu viel des Guten. Wer aber absolut will und das nötige Kleingeld hat, dem sei die Hydraulik angeraten. Für kleine Boote ist eine normale Talje vollständig ausreichend.

Nach diesem groben Trimm schaut man noch einmal die Nut entlang am Mast nach oben, um sich zu vergewissern, daß der Mast auch wirklich gerade steht. Haben wir noch Wind von über 5 m/sek, steht einem Ablegen nichts mehr im Wege, um unserem Trimm den nötigen Feinschliff zu verleihen.

Kurzgefaßt

Achterstagregulierung mittels Handrad, Talje oder Hydraulik.

Der Feintrimm

Die Muttern an den Wantenspannern sind nach dem Grobtrimm festgezogen, die Splinte aber noch nicht mit Tape umwickeln. Damit wartet man, bis der Feintrimm beendet ist. Getrimmt wird auf der Kreuz. Dazu hockt man sich bequem vor oder hinter den Mast und schaut entweder an der Achter- oder Vorkante nach oben. Jetzt erst ist genau zu erkennen, ob der Mast auch unter Winddruck gerade steht. Wenn er in Querschiffsrichtung nicht gerade ist, ist dies leicht mit den Wantenspannern während des Segelns sowohl auf Backbord- als auch auf Steuerbordbug zu beheben. Von der Seite aus gesehen soll der Mast einen leichten Bogen aufweisen, wobei die Mitte ganz leicht nach vorne gepreßt ist.

Bei starkem Wind und ohne Reff läßt es sich nicht vermeiden, daß sich der Masttop ein wenig nach Lee krümmt. Das ist ohne größere Bedeutung, hat aber den kleinen Vorteil, daß der Druck auf das Segel vermindert wird. Nachdem nun der Trimm steht, werden die Schrauben der Wantenspanner endgültig festgezogen.

Die Splinte werden gesichert und mit Tape umwickelt, so daß sowohl Schoten als auch Segel keinen Schaden nehmen. Noch eines, was häufig vergessen wird: Drähte dehnen sich immer ein wenig bei harter Segelei. Es ist deshalb notwendig, immer ein Auge auf das Rigg zu werfen, um – falls nötig – nachzutrimmen.

Bei größeren Schiffen ist der Mast oftmals durch das Deck geführt, so daß der Mastfuß direkt auf der Bodenwrange steht. Der Grund dafür ist einleuchtend: Man verteilt den enormen Druck dahin, wo das Schiff seine größte Stabilität besitzt. Und logischerweise ist dies nun mal nicht der Kajütaufbau. Auch bei kleineren und älteren Booten sieht man häufig, daß der Mast durch das Deck geführt ist. Der Grund ist historisch: Damals besaß man nicht so starke Materialien wie heute.

Wer ein Boot hat, bei dem der Mast durch das Deck geführt ist, sollte stets darauf achten, daß der Mast korrekt im Loch steht. Um dies zu erreichen, bedient man sich kleiner Holz- oder Gummikeile.

Kurzgefaßt

Feintrimm unter Segeln, idealerweise bei vier Windstärken. Regulierung in Querschiffsrichtung durch Wantenspanner, bis der Mast gerade steht. In Längsschiffsrichtung soll der Mast einen leichten Bogen nach achtern aufweisen, wobei die Mitte leicht nach vorn gepreßt wird. Splinte sichern und mit Tape umwickeln. Bei Decksdurchführungen Mast mit Holz- oder Gummikeilen sichern.

Auf einen Blick:

Hochtakelung:	Windstärke 1-2		Windstärke 3-4		Windstärke 5-7	
Am-Wind-Kurs	glattes Wasser	bewegtes Wasser	wenig Welle	viel Welle	wenig Welle	Rauhwasser
Oberwanten	max. dicht	max. dicht	max. dicht	max. dicht	max. dicht	max. dicht
Achterstag	lösen	max. lösen	dicht	mäßig dicht	max. dicht	sehr dicht
Mastbiegung	gerade	gerade	etwas gebogen	fast gerade	max. gebogen	stark gebogen

Hochtakelung:	Windstärke 1-2		Windstärke 3-4		Windstärke 5-7	
Raumschots-Kurs	glattes Wasser	bewegtes Wasser	wenig Welle	viel Welle	wenig Welle	Rauhwasser
Oberwanten	max. dicht	max. dicht	max. dicht	max. dicht	max. dicht	max. dicht
Achterstag	max. lösen	max. lösen	lösen	lösen	etwas dicht	etwas dicht
Mastbiegung	negative Biegung	negative Biegung	gerade	gerade	fast gerade	fast gerade

Das 7/8-Rigg

Das 7/8-Rigg hat seinen Namen daher, daß das Vorstag nur zu 7/8 am Mast hochreicht. 1/8 über dem Vorstagbeschlag bleibt frei. Daneben gibt es noch andere »Bruch«-Riggs wie 5/8 und 6/8, welche man am ehesten auf älteren Schiffstypen vorfindet.

Ein 7/8-Rigg braucht kein so kräftiges Mastprofil. Es ist leichter und bietet eine Fülle von Trimmöglichkeiten. Zieht man beispielsweise kräftig am Achterstag, so kann man dem Mast eine gewaltige Krümmung verleihen. Das echte 7/8-Rigg hat neben Vor- und Achterstag ein Paar Oberwanten, die bis zum Fockbeschlag reichen, und ein paar Unterwanten, die unterhalb der Saling am Mast festgemacht sind. Es gibt auch Schiffstypen, bei denen die Backstage weit zurückgeführt sind. Ein Folkeboot hat ein 6/8-Rigg. Bei diesem Riggtyp ist ein Jumpstag, das in der Mitte des freien Mastteiles sitzt, notwendig, um die freien 2/8 zu versteifen.

Das 7/8-Rigg ist ein typisches Regattarigg. Doch wird es auch häufig auf Fahrtenschiffen verwendet, weil das Vorsegel kleiner ist und deshalb einfacher dichtgenommen werden kann. Aber wie gesagt, ein 7/8-Rigg erfordert viel Trimmarbeit und ist nur bedingt für ausgesprochene Fahrtenschiffe zu empfehlen.

Im Gegensatz zur Hochtakelung muß der Mast einen deutlich achterlichen Fall haben. Wieviel genau, das hängt vom Bootstyp und der Art der Segel ab. Als ungefähren Ausgangs-

7/8-Rigg mit deutlich achterlichem Mastfall

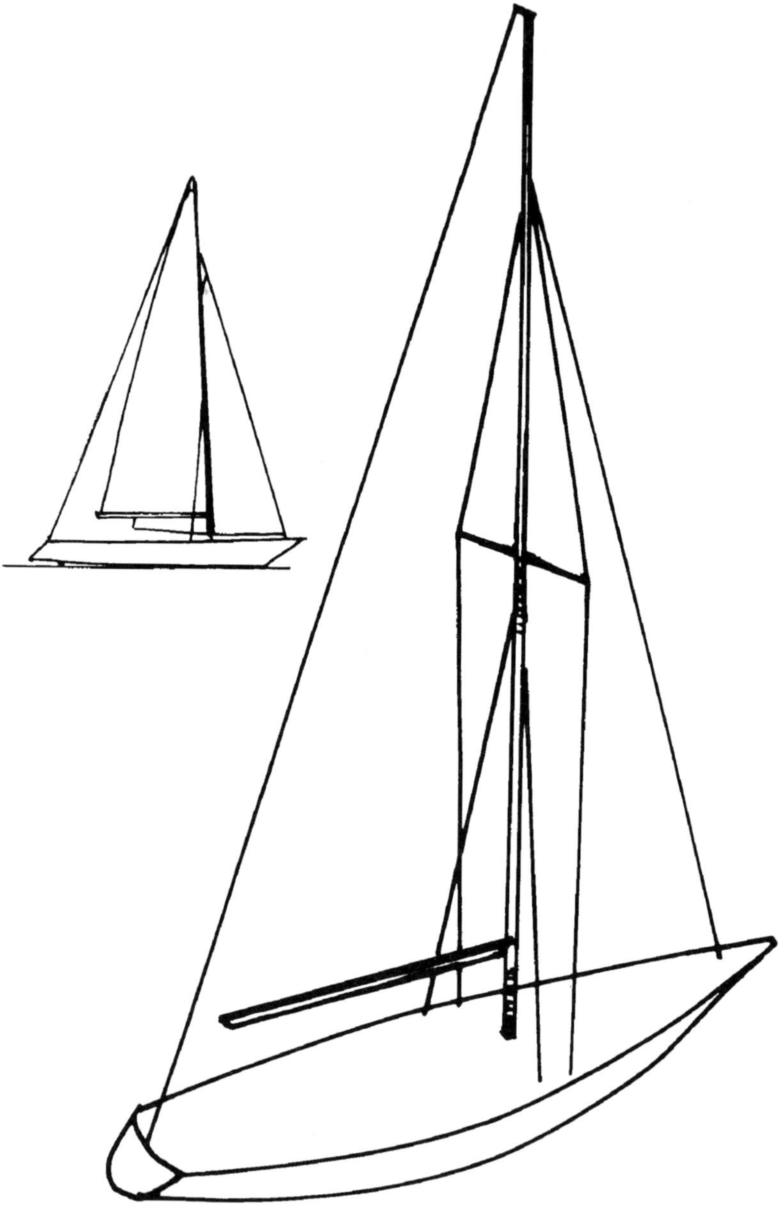

punkt gehen wir von 20 bis 30 cm Mastfall aus. Manche Boote haben sogar einen Fall von 40 bis 50 cm. Wichtig ist daher, sich mit Eignern, die den gleichen Bootstyp segeln, auszutauschen.

Die 7/8-Takelung ist leicht und äußert elegant. Mit ihr kann man die Segel effektiver als bei der Hochtakelung trimmen. Dabei ist es jedoch wiederum notwendig, daß der Segelschnitt der größten Mastkrümmung des jeweiligen Mastes angepaßt ist. Beherrscht ein Tourensegler das ABC des Trimmens, so ist diese Takelungsart durchaus für Fahrtensegler geeignet, zumal sie einen klaren Vorteil für Familien aufweist, da das Vorsegel kleiner ist. Das heißt weniger Arbeit beim Dichtnehmen.

Kurzgefaßt

Typisches Regattarigg, effektiverer Segeltrimm möglich. Mast sollte einen deutlich achterlichen Fall von durchschnittlich 20 bis 30 cm haben.

Der Mastfall

Wie aber messen wir nun den Mastfall? Im Kapitel über den Trimm bei Hochtakelung haben wir bereits die Methode kennengelernt:

Das Großfall wird durch Anhängen eines Gewichts zum Lot. Am Großbaum messen wir anschließend den Abstand Achterkante Mast und Großfall, nachdem wir uns vergewissert haben, daß das Boot in seiner Konstruktionswasserlinie liegt.

Warum ist eigentlich der Mastfall wichtig? Weil er entscheidenden Einfluß hinsichtlich der Höhe auf Kreuzkursen hat. Bei der Hochtakelung kann man dies leicht durch Anziehen des Achterstags bewerkstelligen. Aber gerade das hat beim 7/8-Rigg keinen großen Effekt, wenn nicht der Mast bereits einen gewissen Mastfall aufweist. Eine andere wichtige Sache ist, daß der seitliche Abstand zwischen Vor- und Großsegel besonders im Topbereich größer wird. Dadurch erhält das Großsegel nicht so viele störende Abwinde.

Kurzgefaßt

Messung des Mastfalls durch Anhängen eines Gewichts an das Großfall zum Lot.

Vor- und Achterstag

Mit dem Vorstag gibt man dem Mast die gewünschte Neigung. Die Oberwanten werden nun ziemlich dicht gezogen, wobei stets darauf zu achten ist, daß der Mast in Querschiffsrichtung gerade steht. Um das herauszufinden, geht man wie bei der Hochtakelung beschrieben vor.

Nun wird das Achterstag derart dicht gezogen, daß es richtig auf Spannung ist. In der »Ruheposition« hat man dann dichte Oberwanten und lose Unterwanten. Aber auf der Kreuz bei krummem Mast ist sowohl auf Ober- als auch auf Unterwanten gleich viel Druck. Die Unterwanten bestimmen nämlich, wie groß die Maximalneigung des Mastes überhaupt sein darf. Gleichzeitig haben lose Unterwanten den Vorteil, daß man den Mast vor dem Wind senkrecht trimmen kann, sobald man das Achterstag auffiert. Das Resultat ist eine höhere Geschwindigkeit.

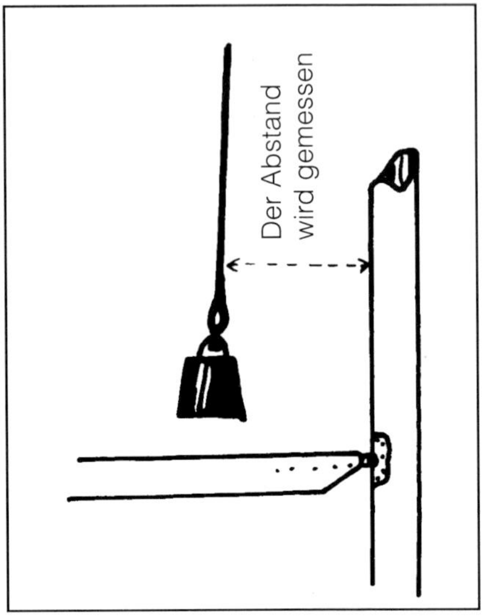

Bestimmung des Mast-Neigungswinkels

Beim 7/8-Rigg muß der Mast ein gutes Stück nach achtern geneigt sein. Oben gezeigte Methode ist dazu geeignet, den Neigungswinkel des Mastes abzudecken. Übrigens – so als Faustregel – ist eine Neigung von 20 bis 50 cm nichts Außergewöhnliches. Das korrekte Maß ist jedoch von Schiffstyp und Segelschnitt abhängig.

Wie stark jedoch ein Mast geneigt werden kann, ist stets eine Frage der Erfahrung und hängt zudem noch mit dem Segelschnitt wie auch der Qualität der Segel zusammen.

Geht der Mast jedoch durch das Deck, sollte man reichlich Platz zwischen Mast und der Vorderkante des Mastdurchlasses lassen, so daß reichlich Freiraum für die gewaltige Mastneigung an der Kreuz bleibt und er vor dem Wind nach vorne fallen kann.

Festzuhalten bleibt: Ein 7/8-Rigg ist ein äußerst sensibles Instrumentarium. Man trimmt es im Hafen grob. Die Feinabstimmung erfolgt kurz vor dem Ablegen. Doch den größten Nutzen von diesem Riggtyp hat man, wenn es während des Segelns getrimmt wird. Dann erst zeigt sich die ganze Bandbreite der Trimmöglichkeiten, wie beispielsweise während des Segelns bei zunehmendem Wind, wo der Mast – immer von der Windstärke abhängig – stärker nach achtern neigen muß, wodurch das Segel flacher wird.

Bei einem durch das Deck gehenden Mast muß vor dem Mast in der Decksdurchführung genügend Platz sein, wenn der Mast gekrümmt werden soll

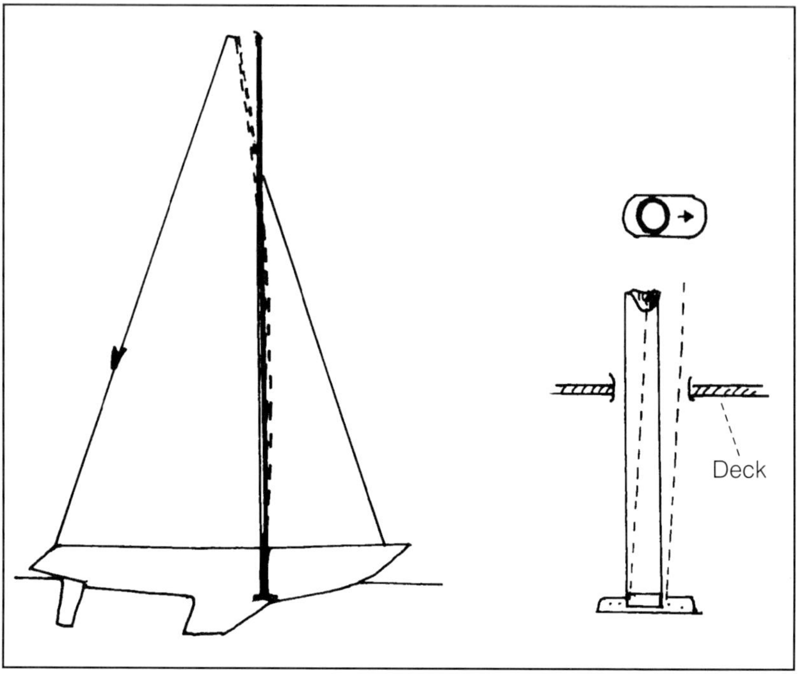

Kurzgefaßt

Oberwanten dicht anziehen, Achterstag sehr dicht auf Spannung anziehen. In der »Ruheposition« dichte Oberwanten und lockere Unterwanten. Deutliche Mastneigung nach achtern.

Auf einen Blick:

7/8-Rigg:	Windstärke 1-2		Windstärke 3-4		Windstärke 5-7	
Am-Wind-Kurs	glattes Wasser	bewegtes Wasser	wenig Welle	viel Welle	wenig Welle	Rauhwasser
Oberwanten	max. dicht	max. dicht	max. dicht	max. dicht	max. dicht	max. dicht
Achterstag	max. gelöst	gelöst	etwas dicht	etwas dicht	max. dicht	max. dicht
Mastbiegung	gerade	gerade	leicht gebogen	etwas gebogen	max. gebogen	max. gebogen

7/8-Rigg:	Windstärke 1-2		Windstärke 3-4		Windstärke 5-7	
Raumschots-Kurs	glattes Wasser	bewegtes Wasser	wenig Welle	viel Welle	wenig Welle	Rauhwasser
Oberwanten	max. dicht	max. dicht	max. dicht	max. dicht	max. dicht	max. dicht
Mastbiegung	gerade	gerade	gerade	gerade	etwas gebogen	etwas gebogen

Das 7/8-Rigg mit Backstagen

Backstage sind für den Fahrtensegler mit Mühe verbunden, da man sie bei jeder Wende fieren bzw. dichtnehmen muß. Aber diese Takelungsart ist die effektivste, weil sie es u. a. erlaubt, auf der Kreuz das Vorstag die ganze Zeit durchzusetzen, was bei anderen Takelungsarten ein Problem ist.

Anstelle des Achterstages kann man, um das Vorstag auf Zug zu halten, auch Backstagen benutzen. Die primäre Aufgabe des Achterstages ist dann, das Achterliek des Großsegels zu öffnen bzw. zu schließen.

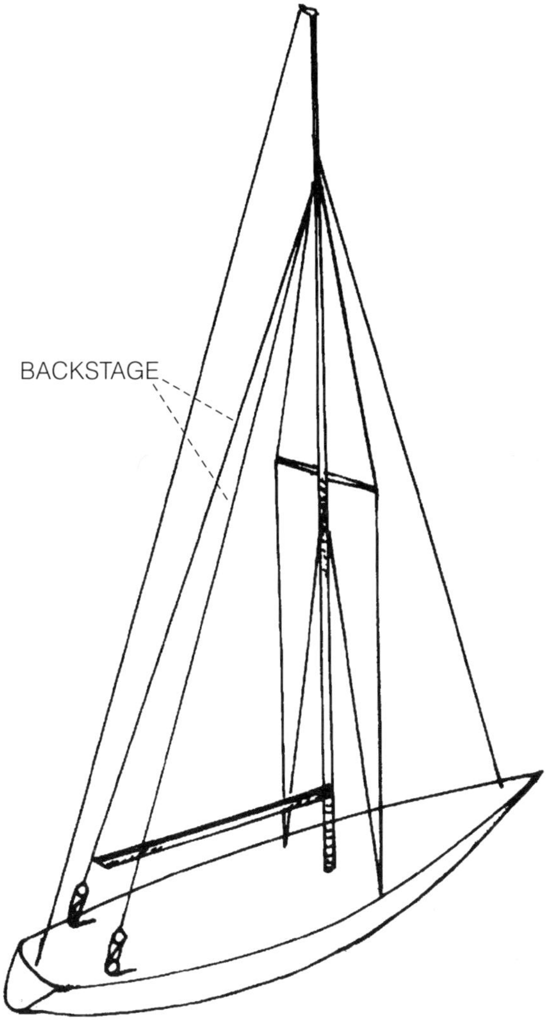

7/8-Rigg mit Backstagen

Bei einem 7/8-Rigg mit Backstagen sitzen die Unterwanten zusammen mit den Oberwanten gerade am Mast (beim gewöhnlichen 7/8-Rigg sind die Unterwanten ein wenig weiter nach achtern versetzt). Aber gerade weil die Unterwanten so weit vorne ansetzen, müssen sie wie die Oberwanten stets ziemlich auf Zug getrimmt sein. Backstagen sind besonders dann wirkungsvoll, wenn es heißt, das Vorliek der Fock zu strecken.

Für den normalen Fahrtensegler ist dieser Riggtypus beschwerlich, da die Backstagen bei jeder Wende in Luv losgehen und im neuen Luv dichtgeholt werden müssen. Es gibt jedoch auch Bootstypen, bei denen die Backstagen so weit nach achtern geführt sind, daß sie mit Baum und Großsegel bei der Wende nicht kollidieren. Im Hafen – darauf sei kurz hingewiesen – sollte das Achterstag aufgefiert werden, da es für den Mast nicht gut ist, dauernd unter Spannung zu stehen.

Kurzgefaßt

Effektivste Takelungsart; erlaubt, das Vorstag auf der Kreuz durchzusetzen, das Vorliek der Fock zu strecken. Unterwanten befinden sich zusammen mit den Oberwanten gerade am Mast.

Auf einen Blick:

7/8-Rigg mit Backstagen:	Windstärke 1-2		Windstärke 3-4		Windstärke 5-7	
Am-Wind-Kurs	glattes Wasser	bewegtes Wasser	wenig Welle	viel Welle	wenig Welle	Rauhwasser
Oberwanten	max. dicht	max. dicht	max. dicht	max. dicht	max. dicht	max. dicht
Unterwanten	max. dicht	max. dicht	max. dicht	max. dicht	max. dicht	max. dicht
Luv-Backstag	etwas dicht	etwas dicht	sehr dicht	dicht	max. dicht	max. dicht
Achterstag	max. gelöst	max. lösen	mäßig dicht	dicht	max. dicht	max. dicht
Mastbiegung	gerade	gerade	etwas gebogen	gebogen	max. gebogen	max. gebogen

7/8-Rigg mit Backstagen:	Windstärke 1-2		Windstärke 3-4		Windstärke 5-7	
Raumschots-Kurs	glattes Wasser	bewegtes Wasser	wenig Welle	viel Welle	wenig Welle	Rauhwasser
Oberwanten	max. dicht	max. dicht	max. dicht	max. dicht	max. dicht	max. dicht
Unterwanten	max. dicht	max. dicht	max. dicht	max. dicht	max. dicht	max. dicht
Luv-Backstag	etwas fieren	etwas fieren	mäßig dicht	mäßig dicht	dicht	dicht
Achterstag	max. gelöst	max. lösen	max. lösen	max. lösen	dicht	dicht
Mastbiegung	gerade	gerade	gerade	gerade	gebogen	gebogen

Das 6/8-Rigg

Das 6/8-Rigg gehört zu den älteren Riggtypen, mit denen stets ein niedrigeres Vorderdreieck als beim 7/8-Rigg verbunden ist. Unter Vorderdreieck versteht man das Dreieck aus Deck, Mast und Vorstag. 6/8-Riggs und andere ältere Riggtypen findet man beispielsweise bei dänischen Spitzgattern, Kuttern und auch Folkebooten. Vielfach haben 6/8-Riggs ein Jumpstag, das als einfaches nach vorne gerichtet ist oder als doppeltes zu jeder Seite schräg nach vorne.

Das Jumpstag gibt dem nicht verstagten Teil des Mastes Halt

Das sogenannte *Diamantrigg mit Jumpstagspreizen* sieht man häufig bei älteren

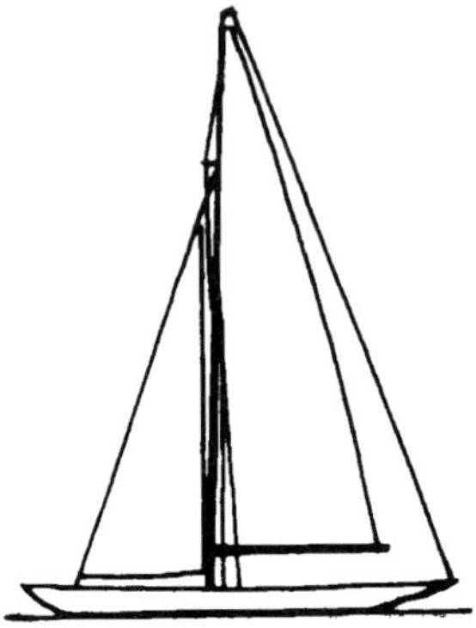

6/8-Rigg mit Jumpstagspreize

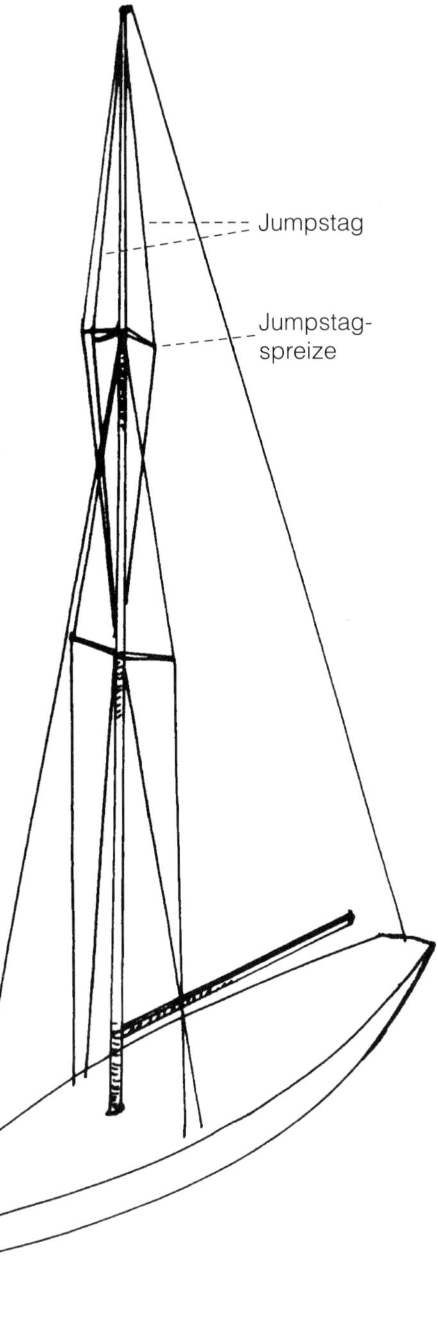

Schiffstypen mit Holzmasten. Das vordere Dreieck ist – um es noch einmal zu wiederholen – stets niedriger als bei neueren Konstruktionen. Deshalb braucht der oberste Teil des Mastes eine besondere und eigene Verstagung. Die Jumpstagspreizen sorgen dafür, daß sich der Mast im Topp nicht seitwärts biegt. Sie bestimmen auch, wann das Achterstag dichtgenommen werden muß und wie weit sich der Mast in Längsrichtung biegen darf.

Aufgabe des Jumpstags ist es, dem nicht verstagten Teil des Mastes zusätzlichen Halt zu verschaffen. Die Spannung des Jumpstags bestimmt, wie stark die Mastneigung sein darf. Deshalb ist es angebracht, das Jumpstag am Mast entlang nach unten zu führen, um jederzeit die Möglichkeit zu haben, den Mast umzutrimmen. Wie das Jumpstag zu trimmen ist, ist von Boot zu Boot natürlich verschieden.

Beim Folkeboot, dem wohl verbreitetsten Bootstyp mit 6/8-Rigg, muß das Jumpstag relativ lose gefahren werden, da es nur ein Paar relativ kurze Wanten hat. Das lose Jumpstag bewirkt einerseits, daß sich vor dem Wind der Mast nach vorne neigen kann, und andererseits, daß auf Amwind-Kursen der Abstand zwischen der niedrigen Fock und dem Großsegel größer wird, was natürlich wieder größere Geschwindigkeit zur Folge hat.

Kurzgefaßt

Älterer Riggtyp mit niedrigerem Vorderdreieck, vielfach mit Jumpstag, das dem nicht verstagten Teil des Mastes zusätzlichen Halt verschaffen soll. Trimmöglichkeiten ähnlich denen des 7/8-Riggs.

Die doppelte Saling

Bei etwas größeren Schiffen hat man häufig zwei Salings: Toppsaling und Untersaling.

Diese Takelungsart bietet zwar viele Trimmöglichkeiten, doch erfordert sie auch größte Sorgfalt. Besonders die Mittelwanten sind als problematisch anzusehen. Sie haben großen Einfluß auf den obersten Teil

Rigg mit Toppsaling und Untersaling

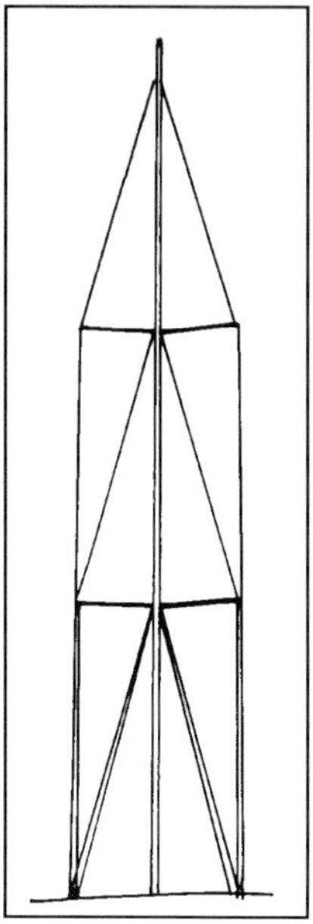

a) Weht der Masttopp nach Lee aus, sollte man zuerst die Oberwant kontrollieren, da sie zu lose sein kann. Ist dies nicht der Fall, ist wahrscheinlich die Unterwant zu dicht, da sie die Mastmitte nach Luv zieht
b) Neigt sich der Masttopp nach Luv, sollte man zunächst die Unterwanten kontrollieren, da diese zu lose sein können. Ist dies nicht der Fall, kann es sein, daß die Oberwant zu dicht ist
c) Für a und b gilt, daß auch eine Kombination beider Möglichkeiten wahrscheinlich sein kann

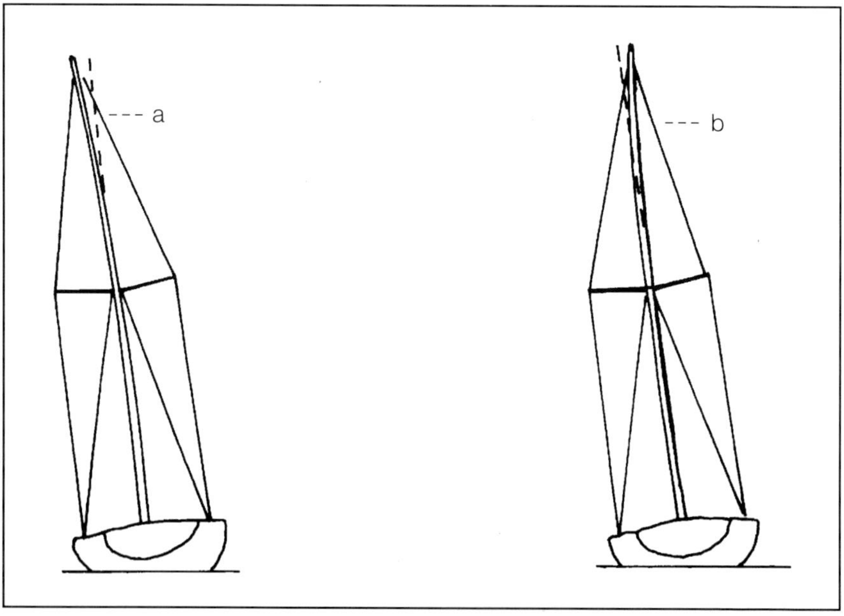

des Mastes und dürfen nicht zu dicht gesetzt werden, weil sie ihn nach Luv ziehen können. Deshalb sollte man versuchen, die Mittelwanten ebenfalls nach unten auf Deck zu führen, um überhaupt in der Lage sein zu können, Mast und Segel zu trimmen. Im übrigen bietet diese Takelungsart neben einer sicheren Abstützung auch für kleinere Boote den Vorteil, daß die Masten schlank und leicht konstruiert werden können, was wiederum das Geschwindigkeitspotential des Bootes vergrößert.

Kurzgefaßt

Bietet viele Trimmöglichkeiten; besondere Sorgfalt, speziell bei den Mittelwanten, erforderlich. Masten können schlank und leicht konstruiert werden.

Die Trimmöglichkeiten

Früher war ein Hilfsmotor bei Fahrtenseglern eher eine Seltenheit. Und hatte man einen, dann wurde er nur bei absoluter Windstille benutzt. Heute ist es eher umgekehrt. Fast alle Yachten haben einen Motor, den sie aber eher unkritisch einsetzen: Die Fahrt unter Segeln »darf« entweder die 5-Knoten-Grenze auf keinen Fall unterschreiten oder man will möglichst gegen den Wind segeln. Irgendetwas scheinen solche Segler aber mißverstanden zu haben; denn für einen richtigen Segler sollte es nicht die Frage sein, auf dem direkten Weg von A nach B zu gelangen. Dieses Problem stellt sich nur für Motorbootfahrer. Einem Segler muß daran gelegen sein, sich eins mit Wind und Wellen zu fühlen und die dem Schiffe innewohnenden Eigenschaften so effektiv wie möglich auszunutzen. Für ihn zählen nur die Naturgewalten. Und bislang gehört ein Diesel nicht zu den Naturgewalten! Wer sein Segelboot seinem eigentlichen Zweck nach verwendet, dem kann es nicht gleichgültig sein, wie es um Segel oder Trimm steht, bilden doch Rigg und Segel als Einheit die einzige Antriebsquelle. Vor dem Wind kann jedes Segelboot segeln, aber effektives Segeln zeigt sich erst auf Am-Wind-Kursen.

Allgemeine Trimmregeln

In den Häfen und Marinas kann man häufig zu Saisonbeginn folgendes Bild beobachten: Das Großsegel wird nach dem langen Winter am Baum angeschlagen, das Unterliek wird gut gestreckt und dann festgemacht. Schaut man dann bei Abschluß der Segelsaison unvoreingenommen nach, so wird man feststellen, daß das Segel die gesamte Saison über niemals nachgetrimmt oder umgetrimmt wurde. Einmal davon abgesehen, daß so etwas dem Segel, dauernd unter Spannung zu stehen, nicht bekommt, wird man kaum das volle Leistungsvermögen des Segels ausschöpfen können.

Der Unterliekstrecker

Wenn ein Boot von der Werft her nicht mit einem flexiblen Unterliekstrecker ausgerüstet ist, ist es einfach, sich einen solchen selbst anzufertigen. Das beste ist es, wenn der Unterliekstrecker zum Lümmellager geführt ist und von da aus über Blöcke zurück zum Cockpit. Denn wenn das Segel nur an der Baumnock getrimmt werden kann, ist es wohl einleuchtend, daß das während des Segelns nur mit Mühe zu bewerkstelligen ist. Darüber hinaus ist es gefährlich, am Segel, wenn es in dieser Position ist, zu arbeiten, da man sehr schnell über Bord gehen kann.

Was für das Unterliek gilt, hat natürlich auch für das Vorliek Geltung.

Kurzgefaßt

Regulierung der Spannung des Großsegel-Unterlieks auch während des Segelns möglich.

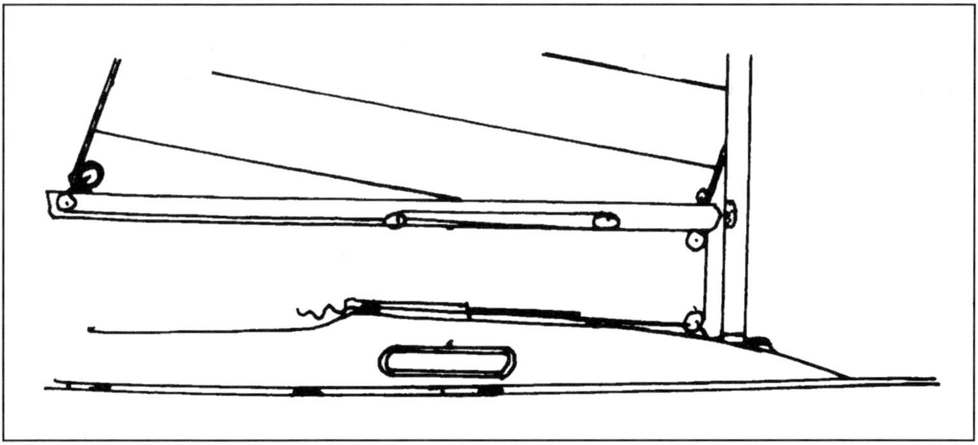

Einen Unterliekstrecker kann man auf verschiedene Art und Weise herstellen. Wichtig ist jedoch eine gut übersetzte Talje, da es nicht ganz einfach ist, das Unterliek während des Segelns zu regulieren

Das Cunningham

Für den Grobtrimm ist das Großfall zuständig, für die Feinabstimmung das Cunningham. Beim Cunningham handelt es sich um eine einfache wie auch gleichzeitig geniale Erfindung des australischen Seglers Cunningham, der sich bereits vor Jahren dieses Systems bediente, um das Vorliek zu strecken und damit den Segelbauch zu regulieren.

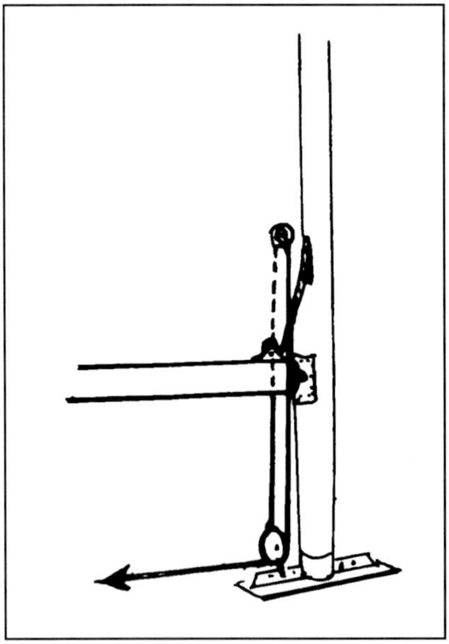

System Cunningham

Das System ist denkbar einfach. Circa 20 bis 40 cm oberhalb des Segelhalses ist eine zweite Rundkausch angebracht, durch die ein Tampen geführt wird. Am besten ist es, wenn dieser, über einen Block umgelenkt, wieder zurück zum Cockpit geführt wird. Fehlt dieses zweite Loch im Großsegel, so kann jeder Segelmacher nachträglich eine Cunningham-Kausch einnähen.

Kann man das Fall nicht mehr weiter dichtholen, kann man sich immer noch des Cunninghams bedienen. Damit kann der Bauch weiter nach vorne verlagert werden, wodurch das Segel flacher wird.

Das Cunningham sollte auf alle Fälle zurück ins Cockpit geführt werden.

Kurzgefaßt

Das Cunningham streckt das Vorliek und reguliert damit den Segelbauch. Durch Anziehen kann der Bauch nach vorn verlagert werden, das Segel wird somit flacher.

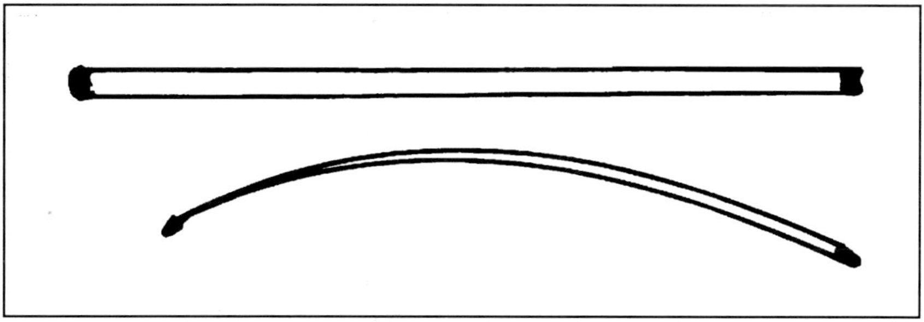

Segellatten sind entweder aus Balsaholz oder aus Fiberglas

Segellatten

Eine gute Segellatte soll unten in der Segeltasche am dünnsten sein. Drückt man die Enden der Segellatte leicht zusammen, so sollte die Kurve wie oben gezeigt aussehen. Wichtig ist, daß die oberste Segellatte ganz nah am Mast geschmeidig ist.

Damit das Achterliek stets offen ist und nicht umkippt, bedient man sich der Segellatten. Das Segel steht dann ruhig und killt nicht im Achterliek.

Kurzgefaßt

Unten in der Segeltasche am dünnsten. Segel steht ruhig und killt nicht im Achterliek.

Die Trimmleine

Manchmal ist noch eine dünne Leine ins Achterliek eingenäht. Diese ist ohne größere Bedeutung, doch kann man sie dazu benutzen, das Segel zwischen den Segellatten ruhig zu halten.

Auf Am-Wind-Kursen sollte man diese Leine nie zu dicht ziehen, da das Achterliek dadurch zugezogen wird, ja sogar eine Kante aufwirft. Diese bildet einen Windwiderstand, da der Wind nicht frei über das Segel strömen kann.

Auf Vorwindkursen dagegen ist es angebracht, an dieser Leine zu ziehen, um das Segel bauchiger zu machen. Dadurch erhöht sich die Zugkraft.

Die Trimmleine verstellt man mit Hilfe einer Klemme, die an das Segel genäht ist. Will man diese Leine häufig benutzen, empfiehlt es sich, sie am Großbaum entlang nach vorne zu führen, so daß das Trimmen einfacher wird.

Kurzgefaßt

Hält das Segel im Achterliek zwischen den Segellatten ruhig. Auf Am-Wind-Kursen nicht zu dicht ziehen, auf Vorwind-Kursen dichter, um Segel bauchiger zu trimmen.

Der Vorsegeltrimm

Das Vorliek des Vorsegels streckt man mit dem Fockfall und dem Achterstag. Viele Vorsegel haben auch ein Cunningham, doch ist dies bei Vorsegeln für Fahrtensegler nicht notwendig. Häufig haben Vorsegel am Achterliek auch eine eingenähte Trimmleine und Segellatten im Achterliek. Warum das so ist, das kann man den Trimmöglichkeiten für das Großsegel entnehmen.

Ein Rad für den Achterstagtrimm ist nur für die einfache Hochtakelung geeignet. Es ist zwar effektiv, aber nur sehr langsam handhabbar beim Trimmen.

Der Tip: Gut geeignet für Fahrtensegler.

Rad für den Achterstagtrimm

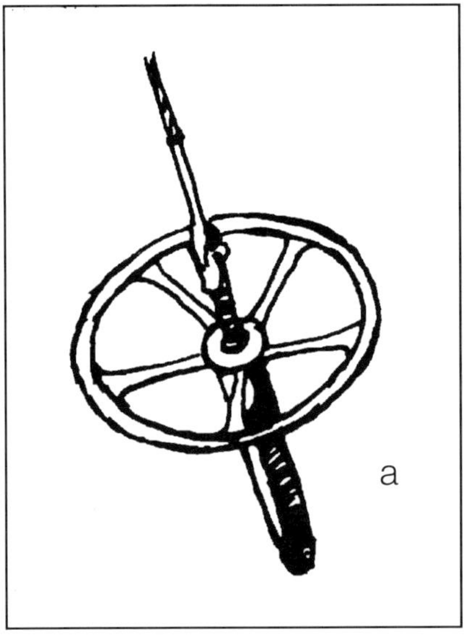

Hahnepot mit Talje für den Achterstagtrimm

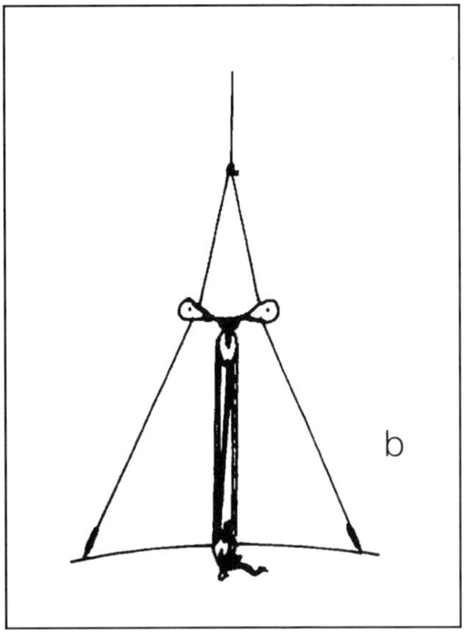

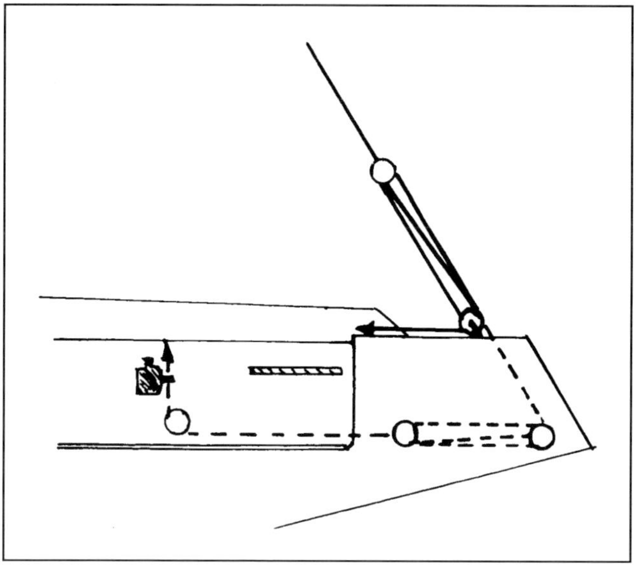

Unter Deck laufende Talje

Das Achterstag wird zu einer Hahnepot geführt, an der eine Talje ansetzt. Für kleinere topgetakelte Boote ist dieses System gut geeignet.

Bei der 7/8-Takelung ist es von Vorteil, die Talje unter Deck zu legen und vor den Steuermann zu führen. Die Talje kann durch sogenannte »Bierkästen« ersetzt werden, die eine weitere Erleichterung bedeuten.

Kurzgefaßt

Vorliekstreckung des Vorsegels durch Fockfall und Achterstag. Falls vorhanden, zusätzlich mit Cunningham und Trimmleine.

Der Niederholer

Der Baumniederholer ist eine Talje oder regulierbare Stange von der Unterkante des Baums zum Mastfuß. Er soll das Steigen des Großbaums vor dem Wind verhindern, wodurch das Segel natürlich auf derartigen Kursen flacher wird. Der Druck des Windes hat nämlich die besondere Eigenschaft, den

Großbaum anzuheben und damit das Großsegel zu vertwisten, so daß es nicht mehr effektiv zieht. Außerdem wäre ein Boot auf Vorwindkursen ohne Baumniederholer schwieriger zu steuern. Läßt man einmal Bilder aus der Geschichte des Regattasports Revue passieren, erkennt man, daß die Großsegel vor dem Wind fast immer vertwistet waren. Man muß sich deshalb schon wundern, daß diese einfache wie effektive Finesse im Rennsport erst seit Mitte der 60er Jahre allgemein üblich wurde.

Auf der Kreuz ist der Baumniederholer so gut wie ohne Bedeutung, da das Großsegel mit der Großschot dichtgeholt bzw. flachgezogen wird.

Den Fahrtenseglern, die bei sich an Bord noch keinen Baumniederholer montiert haben, sei der Rat gegeben, schleunigst einen zu montieren. Der Baumniederholer ist ein Muß für jedes Segelboot, im übrigen auch für jeden Motorsegler. Aufgabe des Niederholers ist es, den Baum unten zu halten, um das Segel auf Halbwind- und Vorwindkursen flacher zu machen. Die einfachste Niederholermöglichkeit ist die Talje. Es gibt aber ausgefeilte Systeme wie Baumbremse oder die regulierbare Stahlstange.

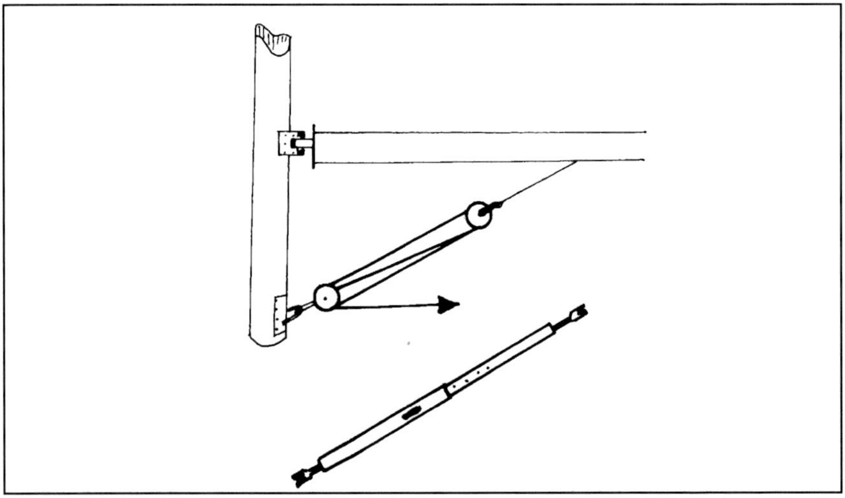

Oben: Niederholer als Talje
Unten: Niederholer als regulierbare Stahlstange

Beide Boote fahren mit Backstagsbrise. Am aufsteigenden Baum erkennt man deutlich, daß das hintere Boot keinen Baumniederholer besitzt. Das Großsegel vertwistet sich und zieht nicht mehr effektiv über seine gesamte Fläche

Zum Trimmen ist die Stahlstange weniger geeignet, da sie ein effektives Trimmen verlangsamt. Praktisch jedoch ist sie beim Segelbergen: Da ist sie Baumstütze und Dirkfall zugleich.

Kurzgefaßt

Verhindert das Steigen des Großsegels vor dem Wind, Segel wird auf Vor- und Halbwindkursen flacher gezogen. Am Wind ohne Bedeutung. Nach dem Segelbergen Baumstütze.

Großschot und Traveller

Für den richtigen Trimm der Segel sind die Holepunkte der Schot von großer Bedeutung. Die Großschot wird heutzutage über einen Wagen oder Schlitten gefahren, der auf einer Schiene quer über das Cockpit läuft. Man nennt so etwas Reitbalken oder, modern gesprochen, Traveller.

Diese Querschiffsanbringung der Schot muß so reguliert und justiert werden können, daß der

Holepunkt an x-beliebiger Stelle auf dem Traveller fixiert werden kann. In der Praxis hat es sich bewährt, an jeder Seite des Travellers eine Talje anzubringen. Die Fixierung erfolgt dann jeweils an Backbord und Steuerbord über eine Curryklemme.

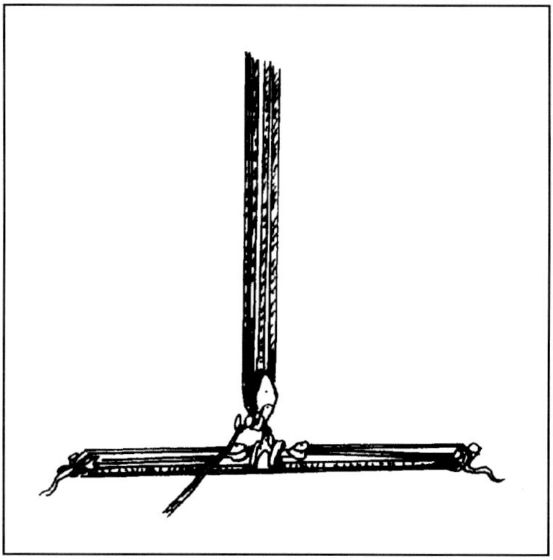

Eine ganz normale Schotschiene mit Schlitten und Schottalje. Die Großschot ist durch einen Doppelblock mit Curry-Klemme geführt. Dieser Art der Schotführung ist auf kleineren Booten der Vorzug zu geben. Auf größeren Yachten sollte man mit einer Winsch operieren

Die Großschot sollte über ausreichend dimensionierte Blöcke laufen und so oft geschoren sein, daß das Großsegel auch bei stärkerem Wind leicht dichtzunehmen ist. Ein Knarrblock, der den Rücklauf der Großschot verhindert, oder eine Curryklemme sind eine wertvolle Hilfe zum Trimmen der Großschot. Bei stärkerem Wind sollte die Großschot trotzdem immer in der Hand liegen, um ein sofortiges Auffieren zu ermöglichen.

Kurzgefaßt

Die richtig gesetzten Holepunkte der Schot sind wichtig für den Segeltrimm. Regulierung der Holepunkte über den Traveller.

Holepunkte von Fock und Genua

Fock- und Genuaschoten sind durch Leitösen, die auf einer Leitschiene laufen, geführt. Der Schlitten ist beweglich und wird durch Stopper fixiert, die müssen in Längsrichtung des Schiffes so justierbar sein, daß man sie bei allen Windverhältnissen und nach jedem Segelwechsel neu und für die entsprechenden Umstände richtig einstellen kann.

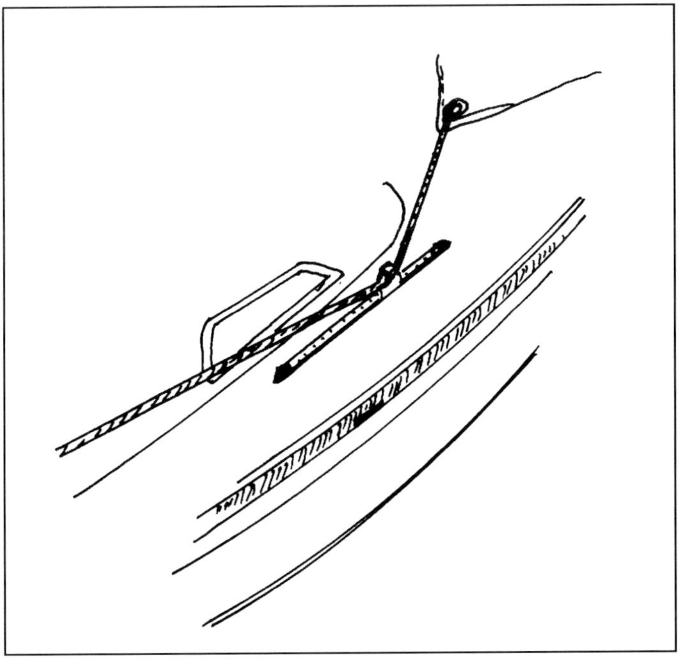

Verstellbare Fockschotleitösen

Eine Sache sollte jedoch jedem Bootsbesitzer von vornherein klar sein: Gibt es eine feste Fockschotleitöse an Deck, so kann man nahezu hundertprozentig sicher sein, daß diese falsch angebracht ist. Auch wo es regulierbare Schienen gibt, sind diese oftmals falsch montiert: Sie sind zu dicht bei der Reling angebracht. Sogar bei Serienbooten ist ein häufig beobachtetes Phänomen, daß die Fock- und Genuaschienen falsch angebracht sind.

Die Erfahrung zeigt, daß der Holepunkt der Fock einen Winkel von 12° bis 14° zum *Diametralplan* des Bootes bilden soll. Für die Genua ist die entsprechende Gradzahl 8 bis 10°. Sind die Winkel größer, müssen die Schienen entsprechend weiter nach innen gesetzt werden. Sollte das nicht möglich sein, so muß man in den sauren Apfel beißen und neue montieren. Bei älteren breiten und bauchigen Schiffen dürfen die Holepunkte nicht, wie erwähnt, so weit innen liegen.

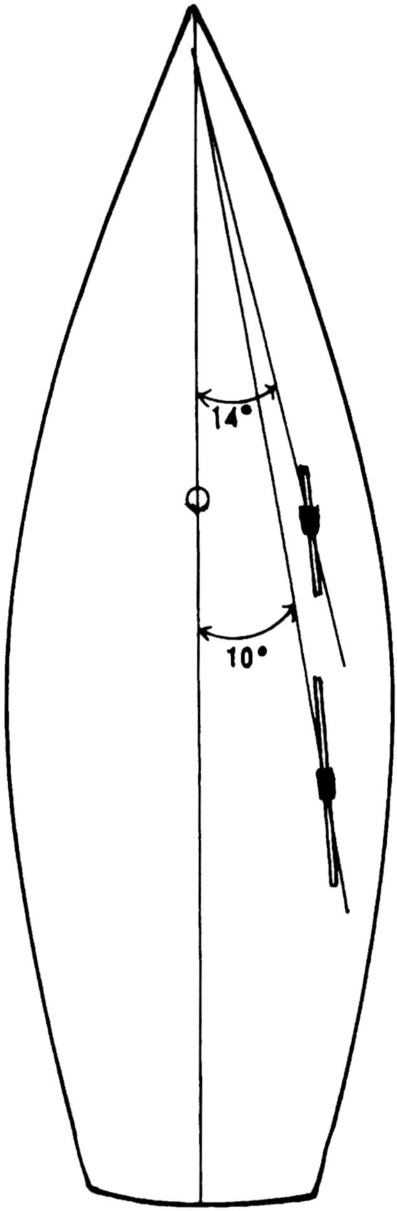

Bestimmung der Holepunkte für Fock (14°) und Genua (10°)

Die Holepunkte müssen in etwa in den oben angegebenen Winkeln liegen. Häufig ist es aber nicht möglich, die Genuaschiene so weit nach innen zu legen, weil der Kajütaufbau im Wege steht. Was oftmals moderne Yachten ästhetisch schön macht, stellt sich manchmal als regeltechnisch falsch heraus, was auf Serienbooten häufig der Fall ist.

Wie aber findet man nun die entsprechenden Holepunkte? Obwohl es immer auf den Wind ankommt, kann man mit Tape und einer Schnur einfach einen Standardholepunkt als Ausgangspunkt für die Feinabstimmung markieren: Man verlängert die Diagonale des Vorsegels. Diese ist die Strecke vom Punkt Hälfte Vorliek/Schothorn.

Kurzgefaßt

Leitösen montiert auf einem Schlitten, der auf einer Leitschiene läuft. Holepunkt der Fock soll einen Winkel von 12° bis 14° zum Diametralplan des Bootes bilden. Genua 8° bis 10°. Bei größerem Winkel Schienen weiter innen montieren.

Finden der Holepunkte für Fock und Genua

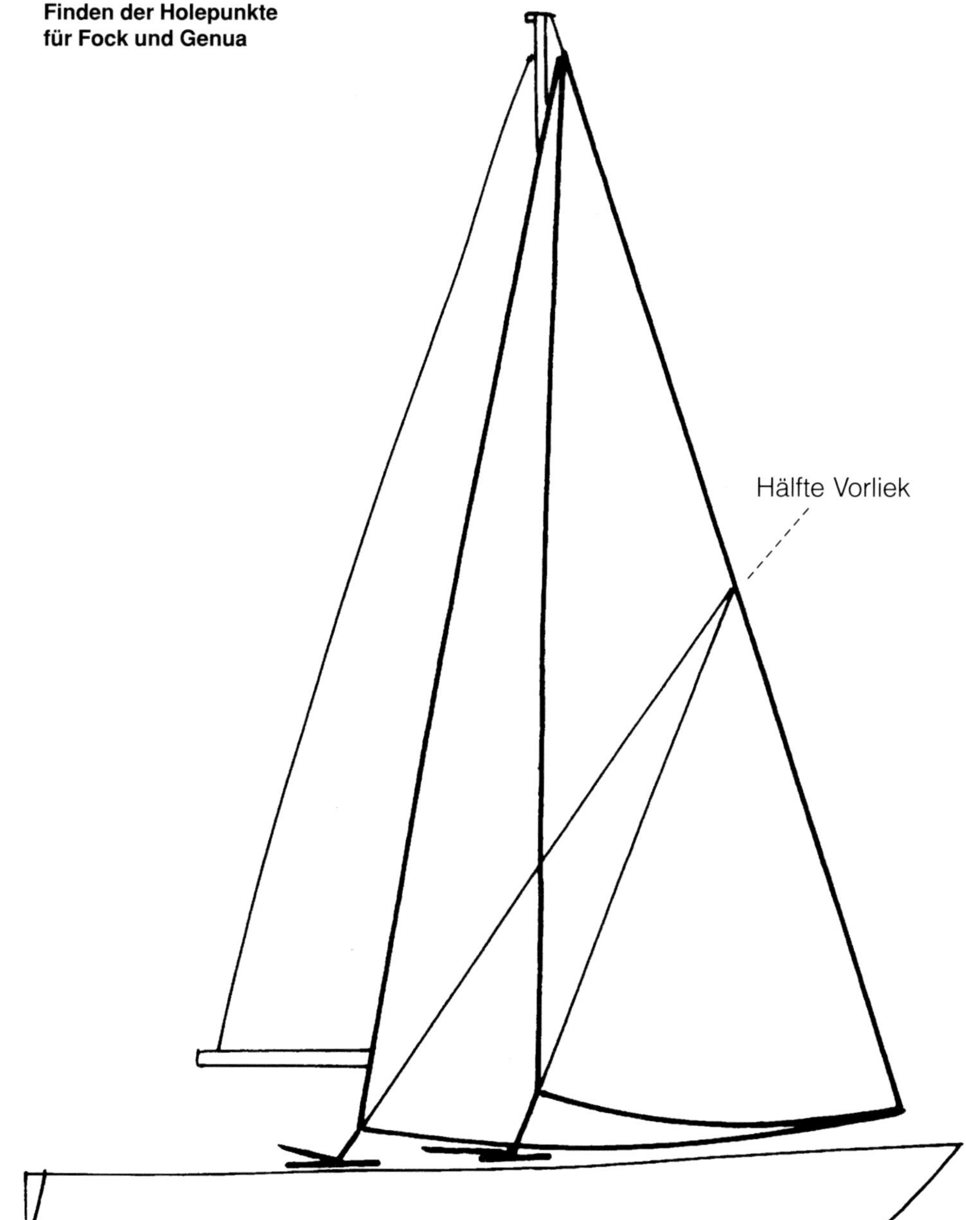

Winschen

Bei stärkerem Wind kann es schwierig sein, nach einer Wende wieder die Fock dichtzunehmen. Dies gilt besonders dann, wenn man mit der Familie unterwegs ist. Vielfach kann nur der Skipper das Vorsegel dichtnehmen, weil er allein die nötigen Kräfte hat. Also sollten entsprechend dimensionierte, am besten selbstholende Winschen montiert werden.

Bei selbstholenden Winschen bekneift die Fock- oder Genuaschot den holenden Punkt von selbst. Für diejenigen, die auch gerne einmal Einhand segeln, ist dies ein großer und natürlicher Vorteil. *Und noch ein häufig übersehener Tip: Die Schoten sollten aus geflochtenem Tauwerk bestehen und ausreichend stark sein.*

Kurzgefaßt

Zum kraftsparenden Dichtnehmen von Fock und Genua.

Selbstholende Winsch

Der Feintrimm unter Segeln

Zielsetzung des Segelns sollte der absolute Genuß sein. Jeder Skipper, egal ob Mann oder Frau, sollte das Gefühl haben, daß er sein Boot beherrscht und nicht das Boot ihn. Es ist ja wohl weder ein Genuß noch richtig, mit der Pinne zu kämpfen, nur weil das Boot äußerst luvgierig ist.

Im Hafen kann man die Segel anschlagen, das Fall anschäkeln und die Liekstrecker anbringen. Aber ein endgültiger Segeltrimm ist im Hafen kaum möglich oder nur soweit, daß eben all das, was lose ist, dichtgenommen wird. Ist man aus dem Hafen und frei von der Küste, kann, nachdem die Segel etwas Zeit gehabt haben, zur Ruhe zu kommen, die Feinabstimmung mit Fall und Strekkern je nach den Windverhältnissen beginnen. Die Erfahrung zeigt bzw. hat nämlich gezeigt, daß man erst nach einer kurzen Segelzeit das korrekte Reck der Lieken beurteilen kann.

Das Vorliek der Fock sollte stets gut durchgesetzt sein, da ansonsten die Kreuzeigenschaften erheblich vermindert wären. Oft begegnet man Fahrtenseglern mit gesetzten Focks, deren Vorlieken aussehen wie ein Stück Wellpappe.

Auf Am-Wind-Kursen hat das Großsegel stets die gleiche *Facon*, wobei die Windstärke eine untergeordnete Rolle spielt. Als Facon bezeichnet man die Tiefenkurve oder den Bauch des Segels. Die tiefste Stelle des Bauchs sollte stets genau vor der Segelmitte liegen.

Stärkerer Wind hat jedoch die unliebsame Eigenschaft, den Bauch des Segels weiter nach achtern zu verlagern, was wiederum auf die Dehnbarkeit des Tuches zurückzuführen ist. Dem kann man mit Großfall, Cunningham und Achterliekstrecker entgegenwirken, der bei zunehmendem Wind entsprechend stärker durchgesetzt werden muß. Warum?

Erstens wird der Masttop

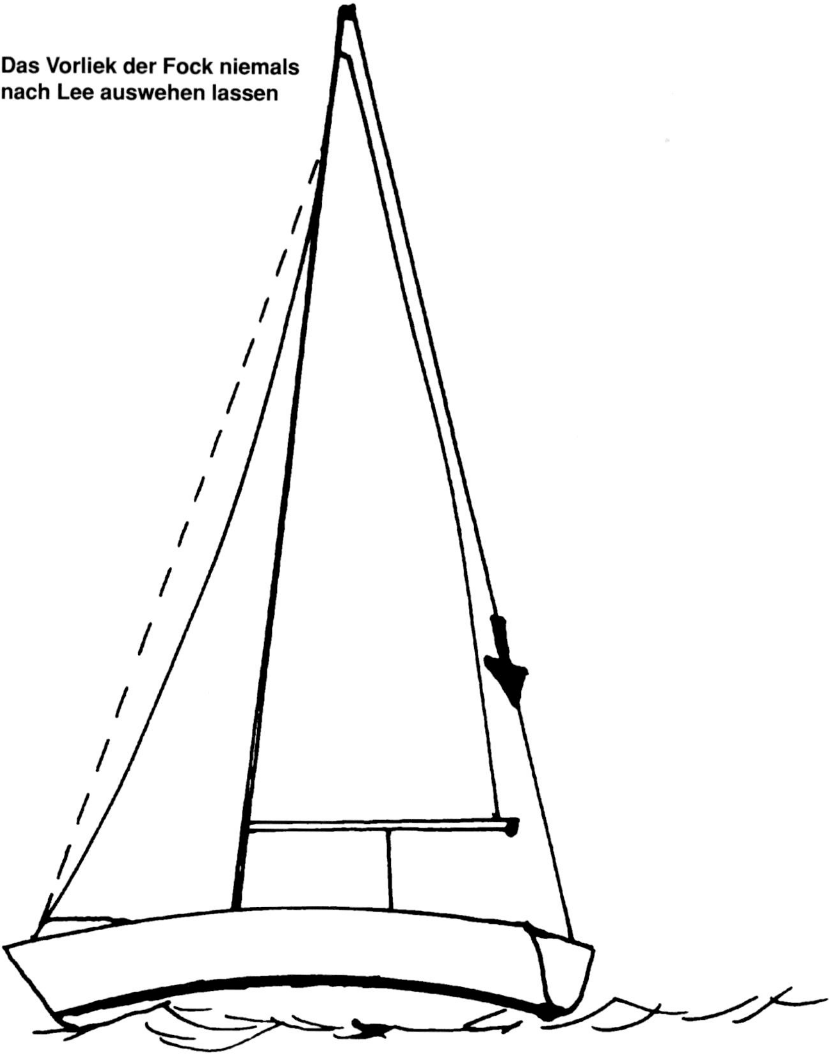

Das Vorliek der Fock niemals nach Lee auswehen lassen

stärker nach achtern geneigt, so daß der Mast in seiner Mitte weiter nach vorne gekrümmt ist. Das bewirkt, daß das Großsegel flacher und offener wird. Zweitens wird das Vorliek der Fock stärker durchgesetzt.

Das Vorliek der Fock darf niemals weit nach Lee auswehen, da dies Einfluß hat auf die Höhe an der Kreuz. Fall und Achterstag müssen ordentlich durchgesetzt werden. Wer auf diese einfachen, aber wirkungsvollen Hilfsmittel verzichtet, darf sich nicht wundern, daß das Boot hart auf dem Ruder liegt und sowohl weniger Fahrt als auch weniger Höhe läuft.

Spricht man vom *Flachermachen* des Segels, so wird man das nur erkennen, wenn absolute Windstille herrscht. Herrschen jedoch mäßige (4 bis 6 m/sek) bis starke Winde (7 bis 12 m/sek), schafft der Winddruck allein eine so große Tiefe in das Segel, daß der eben besprochene Trimm gerade der ist, der dem Segel seine effektivste Facon verleiht.

Hier ein Tip: Bei leichtem Wind und starker Dünung lohnt es sich, das Segel bauchiger als sonst üblich zu fahren. Bei viel Wind und geringer Wassertiefe, z. B. vor einer Leeküste, ist es dagegen angebracht, das Großsegel flacher als üblich zu fahren.

Auf Am-Wind-Kursen ist ein Baumniederholer nur selten nötig, weil die Großschot allein ja schon das Steigen des Großbaums verhindert.

Auf Halbwind- und Vorwindkursen ist der Baumniederholer dagegen durchzusetzen, um das Segel gleichmäßig flach halten zu können. So kann der Wind überall auf die Segelfläche drücken.

Dadurch segelt das Boot schneller und ist einfacher zu steuern. Das Achterstag wird gefiert, so daß der Mast lotrecht steht oder sogar ein wenig nach vorne geneigt ist. Sinn und Zweck des Unterfangens ist es, den Wind rechtwinklig auf das Segel wirken zu lassen.

Kurzgefaßt

Vorliek der Fock stets gut durchsetzen. Auf Am-Wind-Kursen sollte der Großsegelbauch stets genau vor der Segelmitte liegen. Stärkerer Wind verlagert den Bauch nach achtern, dem wirkt man mit dem Durchsetzen von Großfall, Cunningham und Achterliekstrecker entgegen. Auf Halb- oder Vorwindstrecken Baumniederholer durchsetzen, Achterstag fieren, bis Mast lotrecht steht.

Die Schotführung

Was passiert nun mit den Schoten? Im Prinzip sind die

J
24
G-7

Schoten mit dem Gaspedal in einem Auto zu vergleichen. Man fiert sie stets soweit, daß das Segel gerade am Killen gehindert wird.

Beim Großsegel ist dabei zu bedenken, ob man eine klassische Hochtakelung oder ein 7/8-Rigg hat oder ob man mit einer Normalfock oder einer überlappenden Genua fährt. Bevor jedoch diese Problematik erörtert werden kann, muß man sich erst einmal vergegenwärtigen, was passiert, wenn der Wind auf Am-Wind-Kursen Segel und Rigg des Schiffes passiert.

Das wohl wichtigste ist der Unterdruck, der sich an der Rückseite des Segels bildet. Da dieser Unterdruck dem Boot die Schubkraft verleiht, ist es von entscheidender Bedeutung, daß der Wind mit größtmöglicher Fahrt am Segel vorbeistreicht, keine Turbolenzen bildet und die gesamte Segelfläche vom Wind berührt wird.

Stellt man sich einen vollständig mittschiffs geholten Großbaum vor, kann der Wind niemals auf eine Rückseite gelangen. Im Gegenteil wird er viele Turbulenzen in der hinteren Segelhälfte verursachen, so daß das Boot schließlich steht. Um diese Turbulenzen zu beseitigen, muß man die Schot ein wenig fieren.

Das Zusammenspiel von Vor- und Großsegel sollte stets so sein, daß beide Segel den gleichen Trimm haben: In Segelstellung und Schotführung müssen sie miteinander korrespondieren. Erst dadurch ergibt sich die passende Düse zwischen den beiden Segeln (Düsenwirkung).

◀ Beispiel für einen perfekten Vor- und Großsegeltrimm (7/8-Rigg)

Kurzgefaßt

Unterdruck an der Rückseite des Segels verleiht dem Boot die Schubkraft. Zur Erzeugung der Düsenwirkung müssen Schotführung und Segelstellung miteinander korrespondieren.

Aerodynamik des Segels

Die Erklärung für die Aerodynamik ist die: Der Windstrom

nimmt an Geschwindigkeit zu und verleiht dem Schiff größere Fahrt. Ist die Düse zu schmal, entwickeln sich Turbulenzen, ist sie zu breit, kann der Windstrom nicht komprimiert werden. Die Segel sollten also miteinander so harmonieren, daß der Windstrom von oben bis unten gleich ist. Auf Am-Wind-Kursen sollten, wenn man von achtern schaut, die Achterlieken mit einer leichten Kurve parallel verlaufen, wobei die Düse zwischen beiden Segeln auf der gesamten Länge gleich groß sein sollte.

Veränderung der Segelprofile im Feintrimm

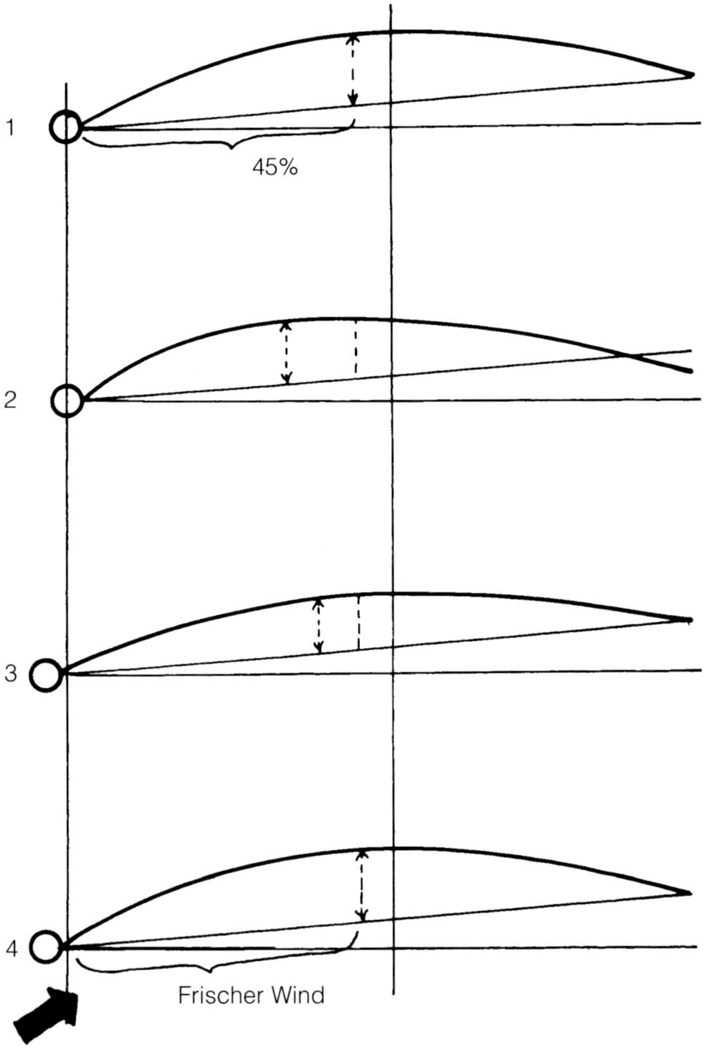

1. Die Erfahrung zeigt, daß die tiefste Stelle des Segels ca. 45 % der Gesamtlänge vom Vorliek entfernt liegen sollte. Welche Tiefe, in Zentimetern gemessen, gefordert ist, hängt vom Schiffstyp ab. Prinzipiell gibt es bauchigere Segel bei breiten und runderen Schiffen. Weil die Auffassungen gerade bei diesem Thema vielfach auseinander gehen, ist es sinnvoll, seinen Segelmacher um Rat zu fragen. Oben abgebildete Kurve ist eine Idealkurve, die man natürlich stets anstreben sollte.

2. Frischt der Wind auf, werden Fall, Cunningham und Unterliekstrecker dichtgeholt. Der Bauch bewegt sich nach vorne. Das Segel hat dann die Tendenz, das Achterliek zu schließen.

3. Das Achterstag wird dichtgesetzt. Der Mast neigt sich in der Mitte nach vorne. Der beabsichtigte Effekt: Das Segel wird noch flacher und das Achterliek öffnet sich wieder.

4. Der auffrischende Wind zwingt das Segel zur Dehnung. Der Bauch wird größer und wandert achteraus, so daß die Idealkurve sich wiederum einstellt. Die Trimmmöglichkeiten – um es zusammenzufassen – haben den großen ökonomischen und räumlichen Vorteil, daß man nicht für jeden Wind ein besonderes Segel braucht.

Wenn man unter dem Segel hochschaut, so sollte es ungefähr wie oben gezeigt aussehen. Horizontal und parallel sind Tapestreifen angebracht, damit man genau sehen kann, wie das Segel steht. Am Achterliek kann man zudem noch Fäden anbringen, die auf der Kreuz frei auswehen. Damit zeigen sie an, daß es keine Turbulenzen gibt. Beim obersten Faden ist das freie Auswehen stets mit Problemen verbunden, weil es ganz dicht am Turbulenzraum des Mastprofils sitzt. Bänder am Achterliek und parallele Horizontalstreifen sind auch für Fahrtensegler von Bedeutung.

Noch ein Tip: Am besten ist es, wenn der Segelmacher farbige Nähte und Fäden anbringt. Von großem Nutzen ist auch das Anbringen eines Verklickers. Aber selbst darauf wird noch häufig verzichtet.

Bänder am Achterliek und horizontal angebrachte Tapestreifen erleichtern das Erkennen von Turbulenzen

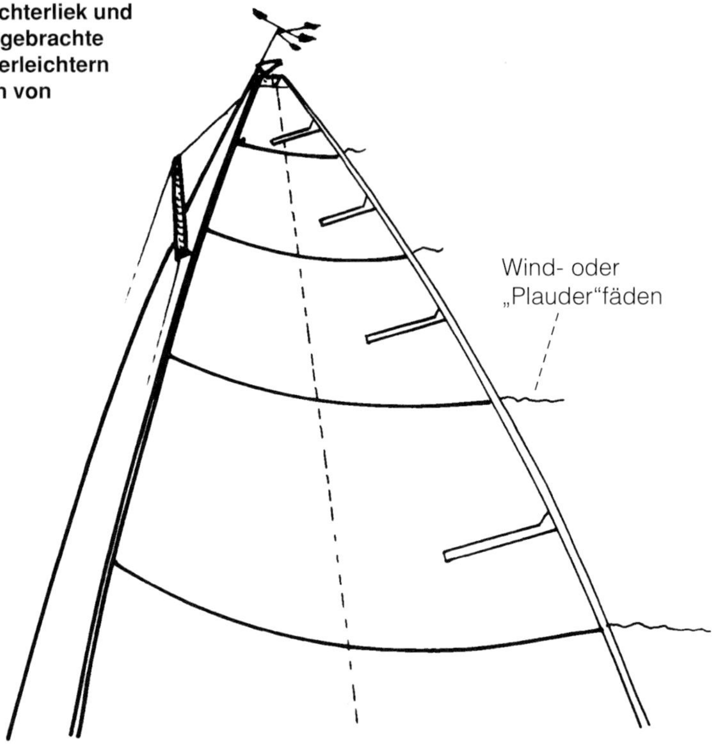

Kurzgefaßt

Die tiefste Stelle des Segelbauches sollte ca. 45% vom Vorliek entfernt liegen. Am Wind bei auffrischenden Winden Fall, Cunningham und Unterliekstrecker dichtholen. Achterstag dichtsetzen, damit neigt sich der Mast in der Mitte nach vorn, Segel wird flacher, das Achterliek öffnet sich wieder. Die Idealkurve stellt sich wieder ein.

Schot und Traveller

Schot und Traveller erfordern ständig die Aufmerksamkeit des Seglers, wenn sie effektiv eingesetzt werden sollen. Mit einer Toptakelung und einer großen überlappenden Genua muß bei leichtem Wind auf Am-Wind-Kursen der Traveller ein wenig nach Luv (von der Mitte her) gesetzt und die Schot danach soweit lose gegeben werden, daß ausreichend *Twist* im Großsegel ist. Bei mittleren

Winden steht der Traveller in der Mitte, und die Schot wird etwas dichter geholt. Bei frischem und starkem Wind wird der Traveller ein wenig nach Lee gefahren, wobei die Schot ziemlich dicht geholt wird, so daß das Segel flacher wird und der Bauch verschwindet. Absicht dabei ist es, daß die schnellen Windgeschwindigkeiten ohne Widerstand am Segel entlangströmen können.

Als Tip sei noch einmal an das Durchsetzen des Achterstags erinnert und, falls vorhanden, des Luvbackstags.

In starken Böen muß man den Traveller auffieren.

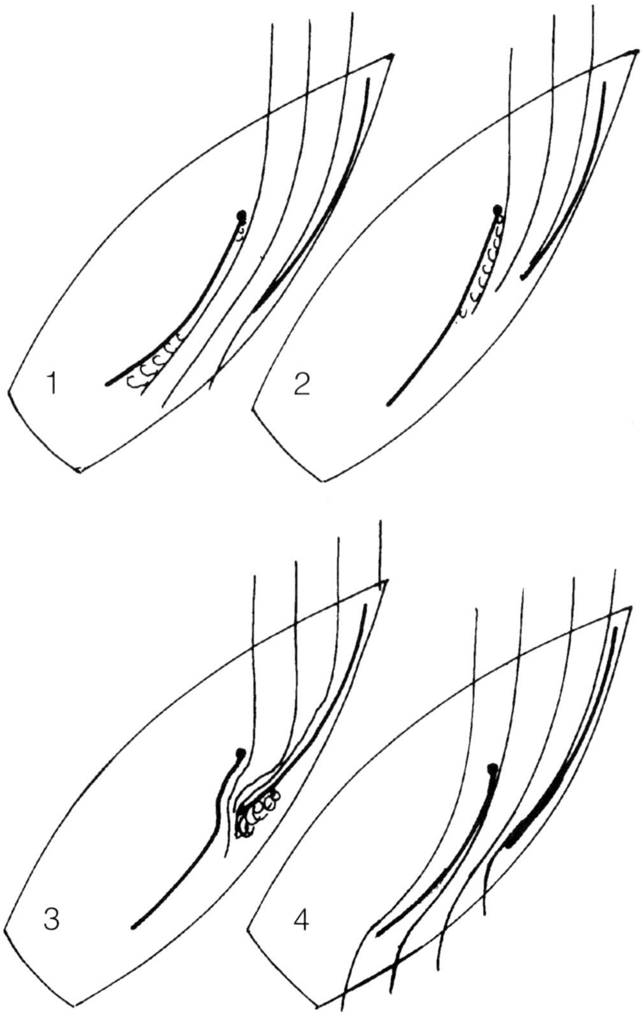

Nur eine optimale Düsenwirkung vergrößert die Geschwindigkeit

Segelt man mit einer Fock, die nahezu gar nicht überlappt, kann die Großschot in der Regel loser gefahren und der Traveller eine Idee weiter nach Lee gesetzt werden. Bei einem 7/8-Rigg, bei dem das Großsegel proportional größer als bei einer Toptakelung ist, können Traveller und Schot ebenfalls loser als bei der traditionellen Toptakelung gefahren werden.

Was hier beschrieben ist, sind zwar nur die Grundelemente. Es ist jedoch einleuchtend, daß ein kleines Großsegel und eine Riesengenua förmlich nach einem Großsegel schreien, das nahezu mittschiffs steht, da sonst durch die Düsenwirkung am Großsegel ein gewaltiger Leebauch entstehen würde. In solch einem Fall dient das Großsegel eher der Stabilität als der Vortriebskraft.

Wir erinnern uns: Je relativ größer das Großsegel im Verhältnis zum Vorsegel ist, desto mehr übernimmt es die Rolle als Hauptvortriebsmittel.

Siehe Abb. S. 51:

1. Das Großsegel ist zu dicht geholt. Eine große bremsende Turbulenz entsteht am hinteren Teil des Segels.

2. Das Großsegel ist zu flach. Der Wind greift die Leeseite des Segels nicht parallel an. Resultat: Eine gewaltige Turbulenz an der Leeseite bis ca. Hälfte Großsegel.

3. Die Fock ist zu dicht und die Leitösen stehen zu weit innen. Dadurch wird der Düseneffekt zerstört. Resultat: Das Großsegel bekommt einen gewaltigen Leebauch.

4. So kommen wir der Sache schon näher: Der Wind greift die Segelfläche ziemlich gleichmäßig an. Zwischen Großsegel und Fock ist die ideale Öffnung, die die Düsenwirkung effektiv macht, in dem sie die Windgeschwindigkeit vergrößert. Dadurch verbessert sich die Saugwirkung. Der Wind wird wirksam in die Vorwärtskraft umgesetzt.

Von achtern gesehen müssen Fock und Großsegel bis zum Top hin den gleichen Abstand haben. Für das Vorsegel heißt das, daß es im oberen Teil etwas vertwistet sein soll. Das Bild zeigt es deutlich.

Fock und Großsegel müssen bis zum Top das gleiche Profil und den gleichen Abstand aufweisen

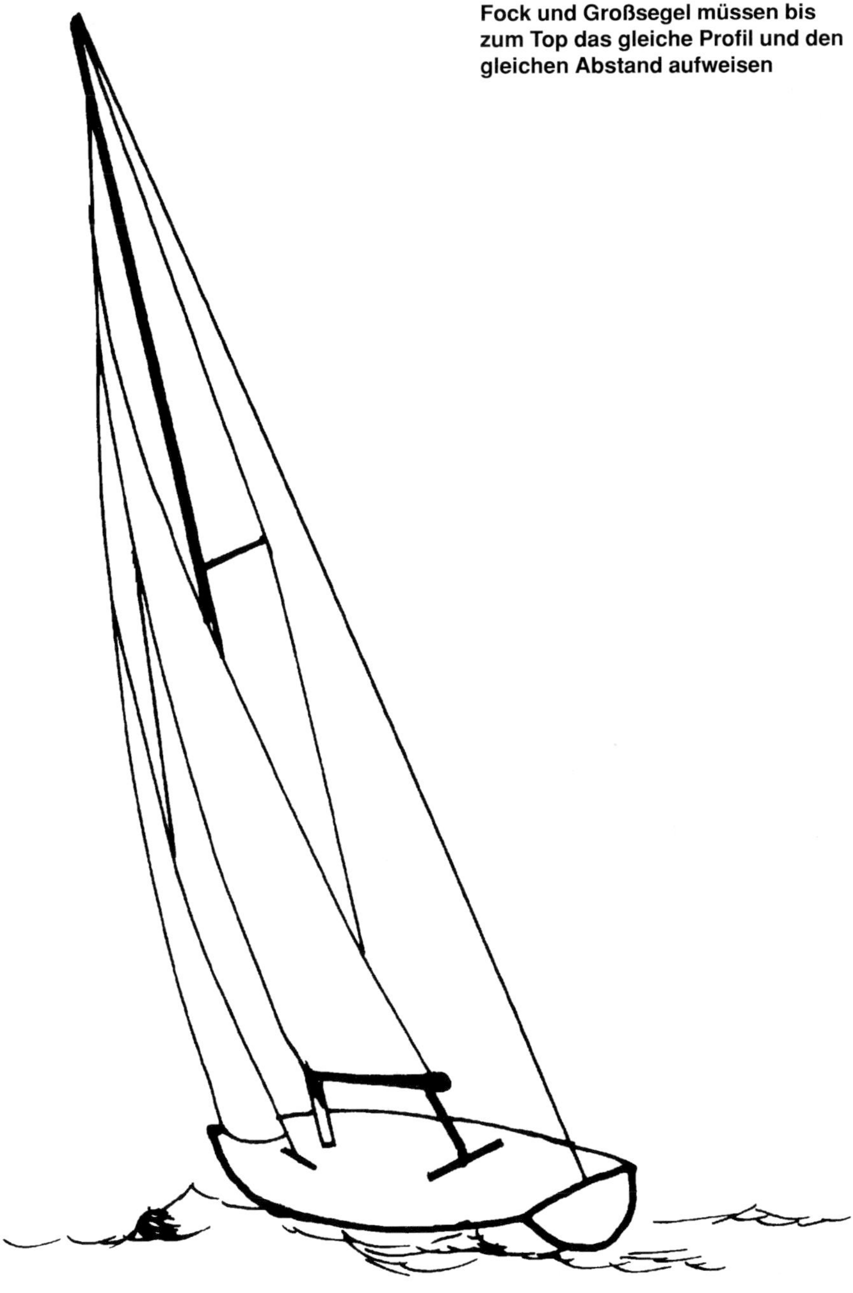

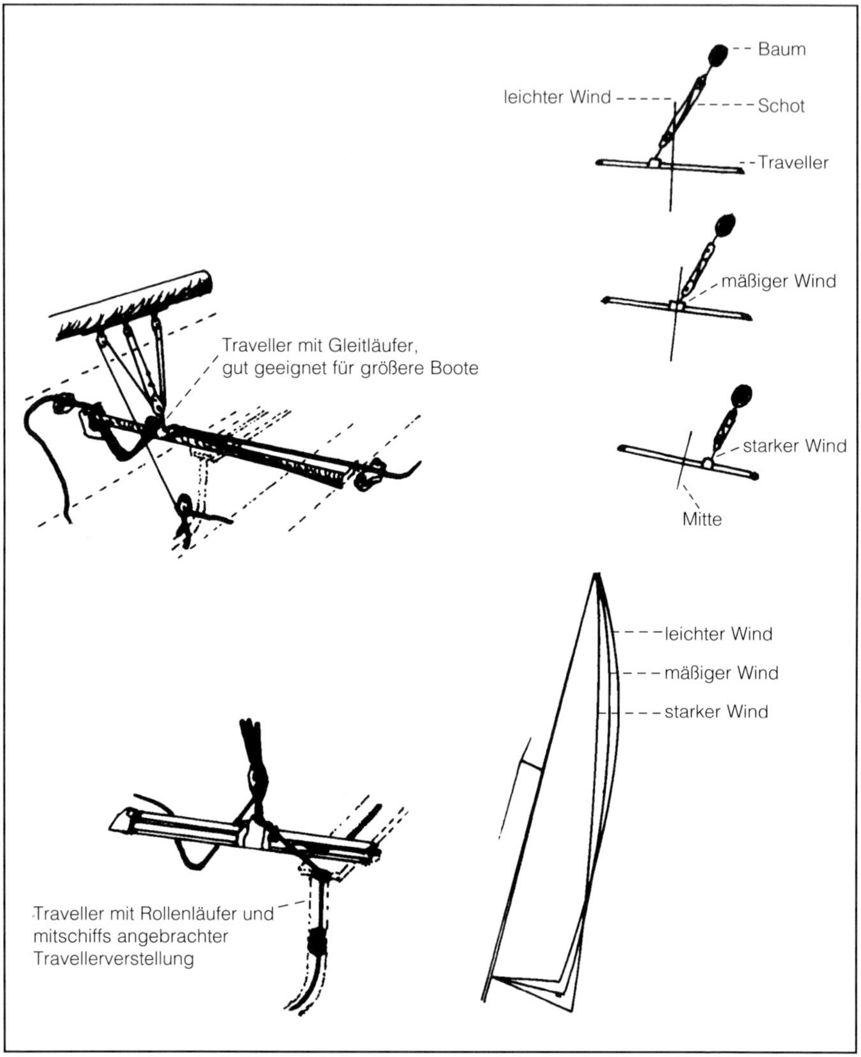

Travellerführung bei unterschiedlichen Windstärken

Bei leichtem Wind sollte der Traveller in Luv von der Schotschienenmitte gefahren werden. Dabei ist die Schot loser zu fahren. Man macht es deshalb, um im Top des Segels eine Vertwistung zu erzielen. Bei frischem und hartem Wind gilt entsprechend genau das Gegenteil.

Der allgemeine Tip: Auf einem hochgetakelten Boot muß der Traveller immer mehr in Luv gefahren werden als auf einem 7/8 getakelten. Der Grund ist einfach der, daß bei 7/8 getakelten Booten die Vorsegel kleiner sind und entsprechend auch die Rückseite des Großsegels weniger gestört wird.

Kurzgefaßt

Bei Toptakelung mit überlappender Genua und leichtem Wind auf Am-Wind-Kurs Traveller ein wenig nach Luv, Schot loser. Bei mittlerem Wind Traveller in der Mitte, Schot dichter. Bei frischem bis starkem Wind Traveller mehr oder weniger nach Lee, Schot dicht. Mit nicht überlappender Fock sowie beim 7/8-Rigg Traveller ein wenig nach Lee, Schoten loser.

Das Vorsegel

Wie auch das Großsegel sollte die bauchigste Stelle des Vorsegels ca. 45 % vom Vorliek entfernt sein.

Die bauchigste Stelle des Vorsegels befindet sich 45% vom Vorliek entfernt

Setzt man beispielsweise bei leichtem Wind das Vorliek zu dicht, wandert unser Bauch zu weit nach vorne, was bedeutet, daß sich die Zugkraft verringert. Das wiederum hat zur Folge, daß wir auf der Kreuz weniger Höhe laufen. Bei frischem Wind dagegen ist das Fall kräftig durchzusetzen. Der Bauch wandert natürlich auch dabei nach vorne, aber der Winddruck sorgt automatisch dafür, daß der Bauch, also die vom Segelmacher eingearbeitete Tiefenkurve, nach achtern wandert und mit dem konstruierten Bauch zusammenfällt, also wiederum ca. 45 % vom Vorliek entfernt.

Außerdem sollte man stets daran denken, das Vorstag mit dem Achterstagspanner durchzusetzen. All das beweist, wie vorteilhaft es ist, das Fockfall zum Cockpit zurückzuführen.

Während des Segelns ist das Vorsegel relativ einfach hinsichtlich des Vorliekstrecks zu trimmen, wenn man auch auf größeren Booten eine Winsch auf dem Kajütdach benötigt. Dahingegen kann man sich auf kleineren Booten mit einer Talje benügen. Vor dem Wind kann man das Fall ruhig etwas fieren, um einen größeren Bauch zu erhalten, was gleichbedeutend ist mit größerer Zugkraft.

Kurzgefaßt

Segelbauch ca. 45% vom Vorliek entfernt. Bei leichtem Wind Vorliek etwas lockerer, bei frischem Wind Vorliek dichter. Vorstag mit Achterstagspanner durchsetzen. Vor dem Wind Fall ein wenig fieren, Achterstagspanner fieren, bis Mast lotrecht.

Holepunkte von Fock und Genua

Der Mittschiffsholepunkt sollte in der Regel so angelegt sein, daß der Druck auf Achter- und Unterliek gleich stark ist. Wie bereits an früherer Stelle angemerkt, ist dies leicht dadurch festzustellen, daß man die Linie halbes Vorliek/Schothorn nimmt. Man kann dann einfach feststellen, daß bei einer hohen schmalen Fock dieser Punkt viel weiter vorne liegt als man glaubt. Schaut man sich mit dem bis jetzt erworbenen Wissen andere Segelboote an, wird man feststellen können, daß nur sehr wenige Segler auf den richtigen Holepunkt achten.

Nur allzu häufig ist er viel zu weit hinten, was bedeutet, daß die Spitze des Segels mit seiner Effektivität so gut wie ausfällt und das Segel nicht so zieht, wie es über seine gesamte Fläche ziehen könnte.

Erinnern wir uns: Liegt der Holepunkt zu weit vorne, wird das Achterliek so gestreckt, daß sich das Segel schließt. Das bedeutet wiederum, daß der Luftstrom gestoppt wird und dadurch einen Leebauch im Großsegel auslöst.

Den Holepunkt kann man natürlich auch in Querrichtung versetzen. Sitzt aber der Holepunkt zu weit außen, geht es stets über die Höhe, da der Düseneffekt zu gering ist. Bei starkem Wind ist es dennoch manchmal von Vorteil, den Holepunkt nach außen zu versetzen, um die Kräfte, die auf das Segel einwirken, zu verringern.

Ist der Holepunkt zu weit vorne, wird lediglich das Achterliek gestreckt, so daß das Segel letztendlich geschlossen wird. Dies wiederum heißt, daß

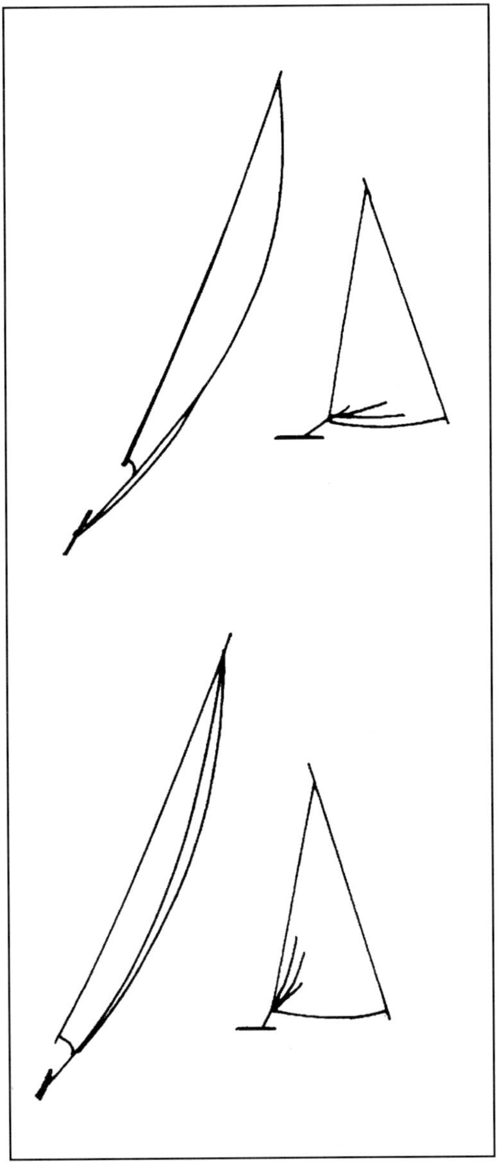

Leitöse zu weit achtern (Bild oben) = Unterliek zu stramm. Leitöse zu weit vorn (Bild unten) = Achterliek zu stramm

der Luftstrom an seinem freien Fluß gehindert wird. Da der Luftstrom aber fließen muß, sucht und macht er sich eine größere Öffnung, was am Resultat des Leebauchs abzulesen ist. Bei sehr frischem Wind ist es angebracht, den Holepunkt etwas mehr nach achtern zu versetzen, um den Druck auf das Segel zu verringern.

Ist die Leitöse zu weit nach achtern gesetzt, wird das Unterliek zu stramm. Im Kopfbereich wird das Segel zu offen. Ist die Leitöse zu weit vorne, wird das Achterliek zu stramm durchgesetzt, so daß es letztendlich schließt. Der Wind fängt sich zwar im Segel, kann es aber nicht verlassen.

Bei halbem Wind oder Backstagsbrise zieht die Fock am besten, wenn sie weit außen zur Reling hin gefahren wird. Das geeignete Mittel, um die-

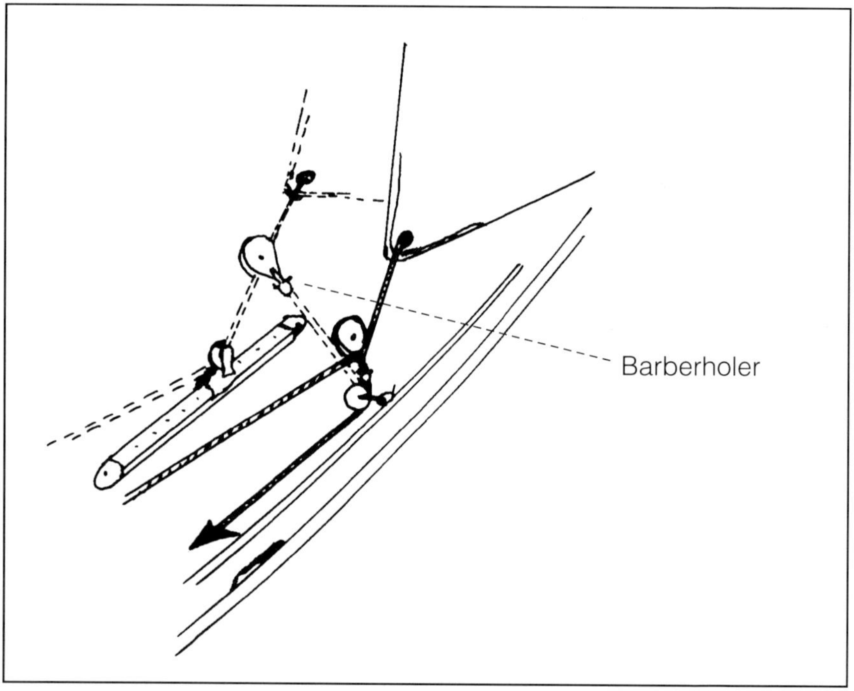

Funktion eines Barberholers

ses schnell und effektiv zu erreichen, ist die Montage eines *Barberholers.* Die einfachste Art ist die oben gezeigte. Verfeinerte Methoden werden dankbar zur Kenntnis genommen.

Barberholer: Der Name läßt sich auf einen Segler namens Barber zurückführen. Dieser hat nämlich den Barberholer erfunden. Man braucht für das gezeigte einfache Modell ein paar Blöcke und entsprechend Tau, um den Barberholer ins Cockpit zurückzuführen.

Ein kleiner Tip: Bei starkem Wind auf der Kreuz ist es durchaus von Vorteil, die Schot ein wenig weiter nach Lee zu fahren, weil der Wind dann einfacher vom Segel läßt und nicht in der Düse staut.

Erinnern wir uns: Sitzt der Holepunkt zu weit außen, laufen wir zu wenig Höhe, und außerdem verliert der Düseneffekt an Wirkung. Bei starkem Wind ist es vorteilhaft, den Holepunkt nach Lee zu verlagern, um die Kräfte, die auf das Segel einwirken, zu verringern.

Liegt der Holepunkt bei halbem Wind zu weit nach innen, vertwistet sich das Segel zu sehr. Auch in diesem Fall ist es angebracht, den Holepunkt nach außen zu versetzten.

Was hier beschrieben ist, sind zugegebenermaßen nur allgemeine Betrachtungen und Möglichkeiten, die prinzipiell und generell für die Aerodynamik gelten. Viele Dinge, die hier angeführt sind, müssen je nach Bootstyp modifiziert, abgeschwächt oder verstärkt werden. Und noch etwas: All das kann vergessen werden, wenn man mit alten und ausgelutschten Segeln, sogenannten *Baudinen* fährt. Irgendwann sollte man schon mal in neue Segel investieren, wenn man das ganze Spektrum des Segelns erleben und erfahren möchte und welche Geschwindigkeitspotentiale in einem Boot stekken, wenn man es nur richtig trimmt.

Kurzgefaßt

Mittschiffsholepunkt so wählen, daß der Druck am Wind auf Achter- und Unterliek gleich stark ist. Bei halbem oder raumem Wind Fock/Genua außerhalb der Reling, möglichst mit Barberholer fahren.

Einige Tips

Um zu sehen, wie die Segel stehen und den Trimm des Bootes zu kontrollieren, setzt man sich während des Segelns an den Mast und schaut an Mast und Segeln hoch. Dabei stellt man sich u. a. folgende Fragen:

- Ist der Mast gerade?
- Ist die Düse zwischen Groß- und Vorsegel effektiv?
- Ist der Bauch ca. 45 % vom Vorliek entfernt?
- Sind Achter- und Unterliek der Fock gleich stramm?
- Ziehen die Segel auf ganzer Länge?
- Ist das Vorstag zu stramm durchgesetzt?

Ausgewogener Trimm

Unter ausgewogenem Trimm verstehen wir, daß das Boot bei allen möglichen Winden leicht zu steuern ist, was bedeutet, daß es so konstruiert und geriggt sein muß, daß man beim Abfallen nicht enorme Kraftanstrengungen leisten muß.

Luv- und Leegierigkeit

Ein Boot ist luvgierig, wenn es, sobald man die Pinne losläßt, anfängt anzuluven. Umgekehrt sagt man, ein Boot ist leegierig, wenn es automatisch abfällt, sobald man die Pinne losläßt. Hält das Boot dagegen seinen Kurs, wenn man die Pinne oder das Ruderrad losläßt, verhält es sich neutral.

Nun denken sicherlich viele, daß einem neutralen Boot unbedingt der Vorzug einzuräumen ist. Aber in Wirklichkeit ist ein Boot am einfachsten zu steuern, wenn es ein wenig luvgierig ist, da man ansonsten stets dazu neigt, auf der Kreuz Höhe zu verschwenden. Der Rudergänger wird durch diese dauernde Luvgierigkeit daran erinnert, daß er vielleicht doch noch mehr Höhe laufen könnte. Außerdem ist eine geringe Luvgierigkeit auch aus Sicherheitsgründen zu befürworten, da das Boot, sollte einmal etwas passieren, stets einen Aufschießer macht. Aber es soll noch einmal als Hinweis ausdrücklich daran erinnert werden, daß die Luvgierigkeit nur sehr schwach ausgeprägt sein darf.

Das *Segelzentrum* finden wir auf der Geraden A – B, auf der sich der Abstand A – SZ zur Geraden A – B verhält wie die Fläche der Fock zur gesamten Segelfläche. Man würde nun unmittelbar glauben, daß man das Segelzentrum weiter nach vorne rücken könnte, indem man eine große Genua setzt. Würde man dies jedoch berechnen, würde das Segelzen-

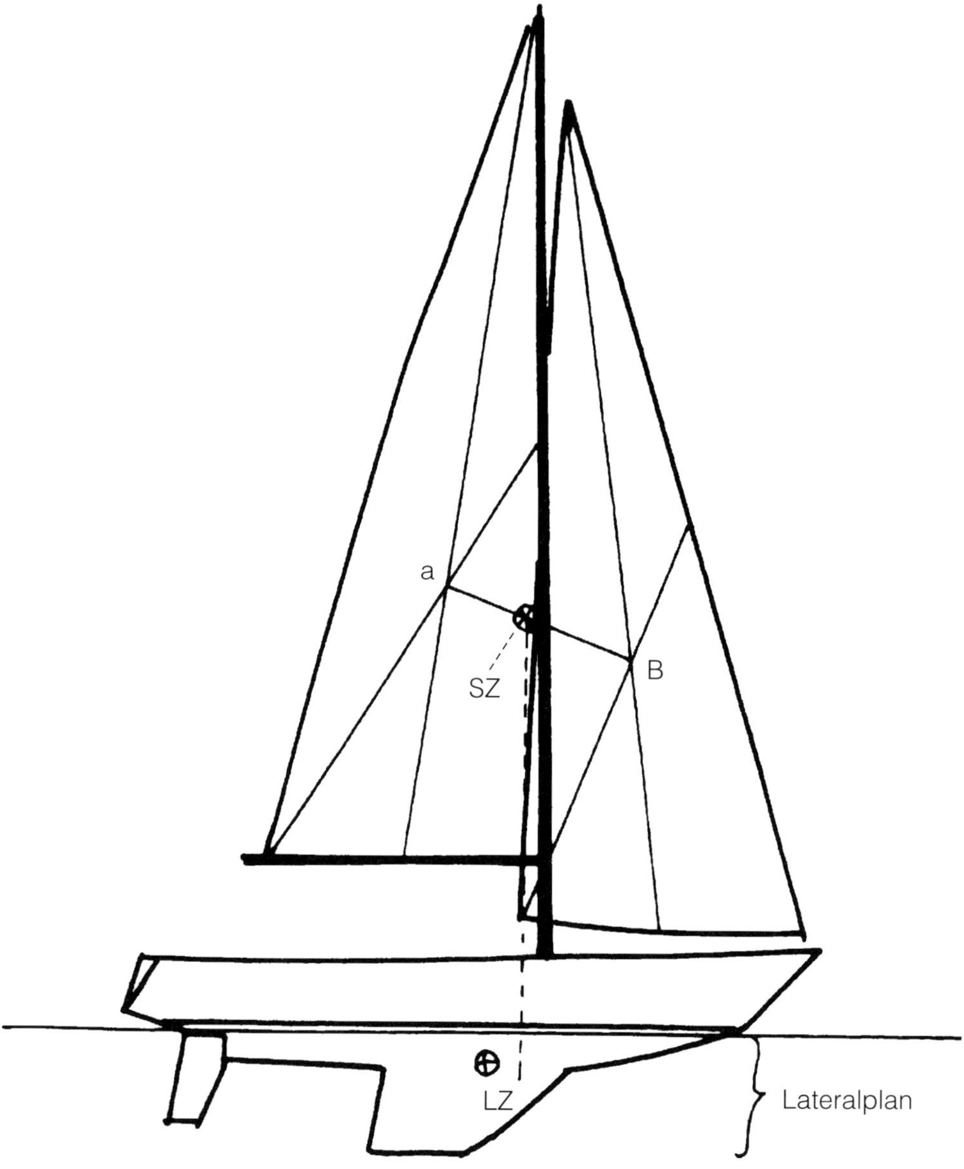

Segelzentrum (SZ) und Lateralzentrum (LZ)

trum genau an der Stelle liegen, an der es auch bei einem kleineren Vorsegel gelegen hätte. Ist das vordere Dreieck bereits mit Segeln ausgefüllt, würde eine größere Segelfläche achterlich des Mastes keineswegs die Ausgewogenheit verändern.

Leegierigkeit kommt glücklicherweise nur sehr selten vor. Aber sollte ein Boot wider Erwarten leegierig sein, so ist die Konstruktion verkehrt oder der Trimm extrem falsch. Leegierigkeit kann man nicht akzeptieren, da man das Boot niemals auf dem optimalen Kurs steuern kann.

Dafür, daß ein Boot luvgierig ist, gibt es viele Ursachen. Daß das Boot eine einzige Fehlkonstruktion ist, davon wollen wir in diesem Zusammenhang nicht ausgehen und dem Konstrukteur vertrauen. Vielmehr handelt es sich meistens um Fehler, denen abgeholfen werden kann.

Um der Luvgierigkeit ein klein wenig mehr auf den Grund zu gehen, bedarf es leider ein wenig Theorie. Schließlich gibt es ein ausgeklügeltes Zusammenspiel zwischen Rigg, Segeln und Rumpf.

Normalerweise hat der Yachtkonstrukteur schon am Zeichenbrett dafür gesorgt, daß oben genanntes Zusammenspiel ausgewogen ist, denn Rumpf und Segel müssen zusammenpassen. Glücklicherweise ist das Risiko, daß bei Serienbooten, wie wir sie heute kennen, nichts zusammenpaßt, weitestgehend ausgeschlossen, weil man vor Beginn der Serienproduktion einen Prototyp angefertigt hat. An diesem Modell wird alles geprüft, ehe die Form zur Serienproduktion angefertigt wird.

Lateralplan nennt man, im Profil gesehen, den Teil des Bootes, der unter der Wasseroberfläche liegt. *Lateralzentrum* nennt man den Balancepunkt oder, wenn man will, auch den Schwerpunkt des Bootes.

Nochmals: *Segelzentrum* nennt man das gemeinsame Zentrum, wo die beiden Segelschwerpunkte, nämlich das jeweils eigene von Groß- und Vorsegel, zusammenwirken. Dieses Zentrum findet man auf der Linie A – B, wo der Abstand A – SZ sich zur Linie A – B verhält wie die Fläche der

Indem man den Mast nach achtern neigt, verlegt man das Segelzentrum nach achtern, was die Luvgierigkeit vergrößert. Will man die Luvgierigkeit verringern, trimmt man die Mastbiegung nach vorn. Die richtige Mastbiegung ist diejenige, die eine leichte Luvgierigkeit bewirkt

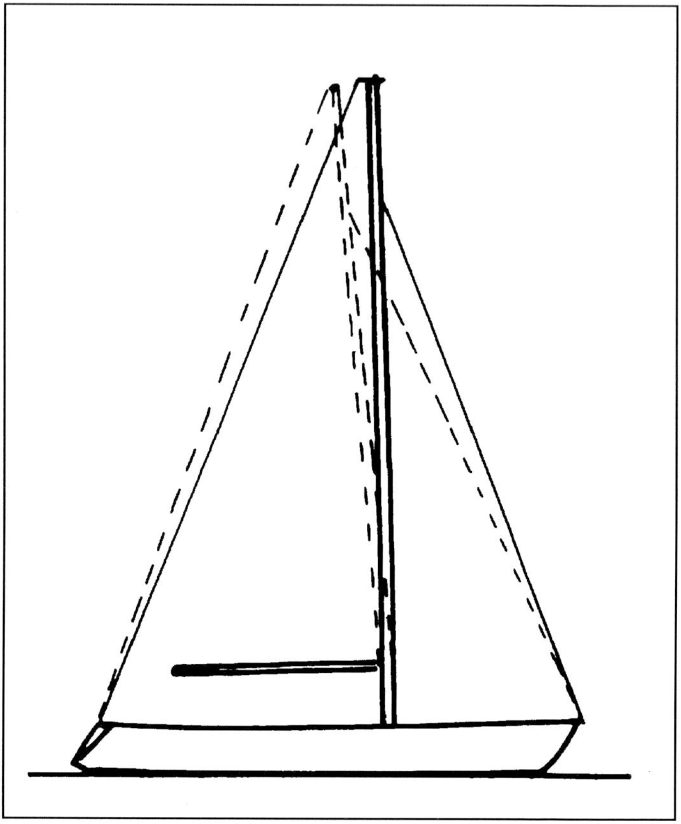

Fock zur gesamten Segelfläche. Um das Boot ins Gleichgewicht zu bekommen, muß das Verhältnis SZ – LZ stimmen. Liegen SZ und LZ senkrecht übereinander, sollte man an und für sich glauben, daß die optimale Balance gegeben ist. Das ist falsch, denn in Wirklichkeit muß SZ immer ein wenig vor LZ liegen. Dieses Vorausliegen von SZ kann man nur bei Schleppversuchen herausfinden oder, das ist die andere Möglichkeit, in detaillierten Versuchen mit richtigen Booten. Aller Erfahrung nach liegt das Vorausliegen von SZ bei 7 – 15 % der Konstruktionswasserlinie.

Jetzt ist klar und verständlich, daß man – ganz logisch – bei einem luvgierigen Boot das

Segelzentrum nach vorne verlegen muß. Dabei legt man entweder die Mastneigung weiter nach vorne, oder man verschiebt den Mast in seiner Mastspur an sich nach vorne. Hat man seinen Mast nun so weit wie eben möglich nach vorne verschoben und auch die Mastneigung so weit rausgenommen, daß der Mast senkrecht steht und das Boot immer noch luvgierig ist, so – das darf keineswegs verschwiegen werden – ist man ganz übel dran. Denn es ist ein teures und nebenbei schwieriges Unterfangen, die Mastspur und/oder den Mastfuß nach vorne zu versetzen.

Es sei hier der Hinweis gestattet, daß auch der Kiel zu weit vorne festgebolzt sein kann. Das ist zwar bei Serienbooten äußerst selten, doch kann es bei älteren Booten oder Eigenbauten vorkommen. So etwas ändert man nicht von heute auf morgen; schließlich ist dies ein größerer »operativer Eingriff« in das Wesen des Bootes.

Mein Tip: Einfacher ist es, die Oberfläche des Kiels nach achtern zu vergrößern.

Auf jeden Fall: Dies ist immer etwas, was man selbst seinem ärgsten Konkurrenten niemals wünschen sollte.

Steht ein Mast nicht genau und gerade über der *Centerlinie* des Bootes, ist das Segelzentrum nicht die Verlängerung des Lateralzentrums. Die Segel ziehen das Boot von Bug zu Bug verschieden, was sich dann in den »Schnacks« äußert: »Komisch, aber auf dem einen Bug läuft das Schiff besser.«

Wir haben hier bewußt auch einmal auf die schlimmsten Probleme mit der Luvgierigkeit hingewiesen. Glücklicherweise kann Luvgierigkeit meistens auf viel einfachere Ursachen zurückgeführt werden. So können beispielsweise die Segel so alt und »ausgelutscht« sein, daß der Bauch so weit nach achtern ausgewandert ist, daß der Winddruck den Bug immer in den Wind drückt. Auch die Fock – erinnern wir uns – kann im Verhältnis zum Großsegel zu klein sein.

Andersrum kann auch das Großsegel im Verhältnis zum Vorsegel (Bootsbauer fragen) bedeutend zu groß sein. Hier hilft – besonders bei älteren Booten praktiziert, die vielfach luvgierig waren – nur die Radi-

Das auf Backbordbug segelnde Boot ist luvgierig

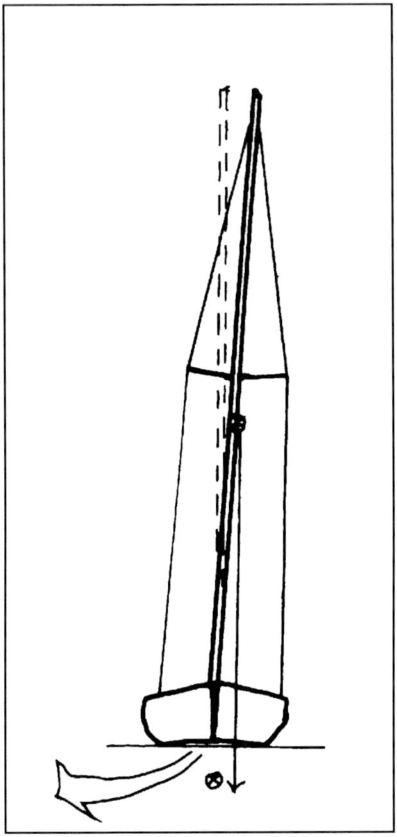

kalmethode: Man kürzt den Großbaum und läßt das Segel entsprechend schneiden. Ein Gespräch mit Segelmacher und Bootsbauer lohnt immer in solch einem Fall.

Außerdem sollte man stets darauf achten, daß der Mast auch wirklich gerade steht und nicht irgendwie zur Seite geneigt ist. Ein letzter Punkt noch: Segelt man mit zu großer Krängung, werden die meisten Boote luvgierig. Imponiergehabe, möglichst gekrängt zu segeln, verträgt sich nicht mit Geschwindigkeit und einer ausgefeilten Segeltechnik.

Kurzgefaßt

Luvgierigkeit: Bei losgelassener Pinne luvt das Boot an. Leegierigkeit: Bei losgelassener Pinne fällt das Boot ab. Optimal ist leichte Luvgierigkeit. Bei einem luvgierigen Boot Segelzentrum nach vorn verlegen: Entweder Mastneigung nach vorn oder gesamten Mast in der Mastspur nach vorn. Große Krängung vermeiden.

J
24
G 7
G 7
Garnix's

Die Krängung

Was auf den vorausgegangenen Seiten bezüglich Trimm und Segel gesagt wurde, nützt jedoch nichts, wenn man es nicht versteht, das Boot mit der richtigen Krängung zu fahren. Die meisten segeln – aus welchem Grund auch immer – bei frischem Wind mit viel zu starker Krängung. Sie vergessen, daß gerade das Thema Krängung von großer Bedeutung ist, da diese für die Geschwindigkeit und das Verhalten des Bootes von Wichtigkeit ist.

Nun stellt sich unweigerlich die Frage, welche Krängung ausgerechnet für dieses oder jenes Boot die richtige ist. Ganz allgemein läßt sich erst einmal feststellen, daß sich eine Krängung von mehr als 20° nicht vorteilhaft für sowohl Geschwindigkeit als auch Seeverhalten des Bootes auswirkt.

◀
Eine Krängung von mehr als 20° beeinflußt sowohl das Seeverhalten als auch die Geschwindigkeit negativ

Eine Jolle sollte bei frischem Wind bestenfalls überhaupt nicht krängen. Krängt sie zu viel, macht man etwas falsch oder gibt an. So einfach ist das. Kielboote sind so unterschiedlich, daß man nur durch genaue Beobachtung und Erfahrung zum richtigen Krängungswinkel gelangen kann. Ein älterer Kutter, der eine große Länge über alles im Verhältnis zu seiner Wasserlinie hat, darf durchaus weiter krängen als ein moderner Bootstyp, bei dem der Unterschied zwischen beiden Maßen sehr gering ist. Diesen Unterschied bezeichnet man gerne mit *Überhang*. Er steht für den Teil von Heck und Bug, der über die Wasserlinie hinausragt. Je länger die Wasserlinie eines Bootes ist, desto schneller ist es, sagt eine alte Weisheit. Oder, wie der Engländer sagt, was lang ist, muß auch schnell sein. Länge läuft!

Bei einem älteren Kutter, um dieses Beispiel wieder aufzunehmen, kann man durch Krängung die Wasserlinie verlän-

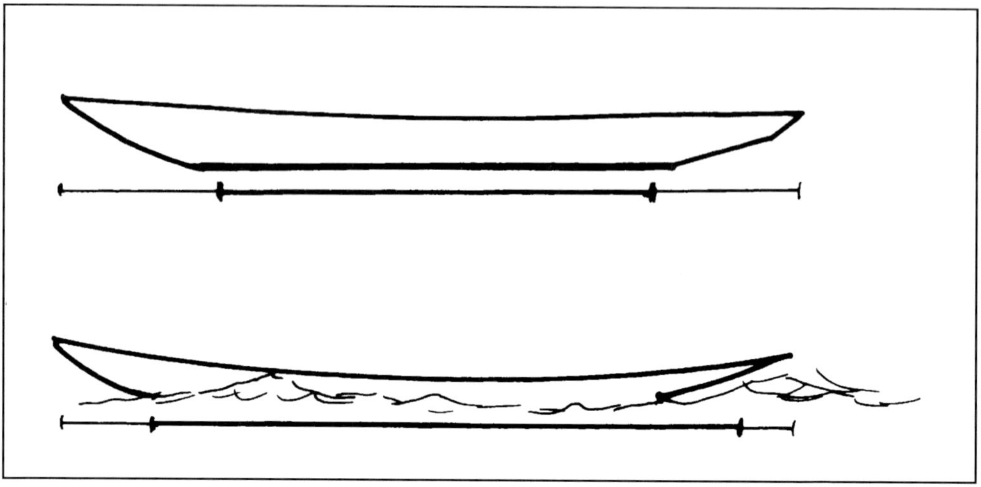

Errechnete (oben) und Krängungs-Wasserlinie (unten)

gern und dadurch die Geschwindigkeit vergrößern. Aber aufgepaßt: Erfahrung und Beobachtung sind notwendig, um die optimale Krängung herauszufinden. Dazu kann man sich – und das ist nicht teuer – einen Krängungsmesser kaufen, den man an strategisch richtiger Stelle anbringt.

Bei älteren Bootstypen mit großen Überhängen vergrößert sich beispielsweise bei einer Krängung von 20° die fahrtgebende Wasserlinie schon bedeutend, wie die Zeichnung zeigt. Darum müssen solche Schiffe, wie KR-Kreuzer oder Schärenkreuzer, stets mit einer Krängung gesegelt werden, um die optimale Geschwindigkeit zu laufen.

Wenn ein Boot krängt, was passiert dann? Die Leewasserlinie wird gekrümmter als die Luvlinie, was bedeutet, daß das Boot luvgieriger wird.

Nehmen wir ein Beispiel: Was passiert, wenn ein Boot mit 30° Krängung segelt? Die Wasserlinie ist in Lee sehr gekrümmt und in Luv entsprechend wenig. Das bedeutet wiederum, weil ja keine Ausgewogenheit besteht, daß das Boot in den Wind dreht, also luvgierig ist. Die Luvgierigkeit wird noch durch den Umstand verstärkt, daß der Winddruck

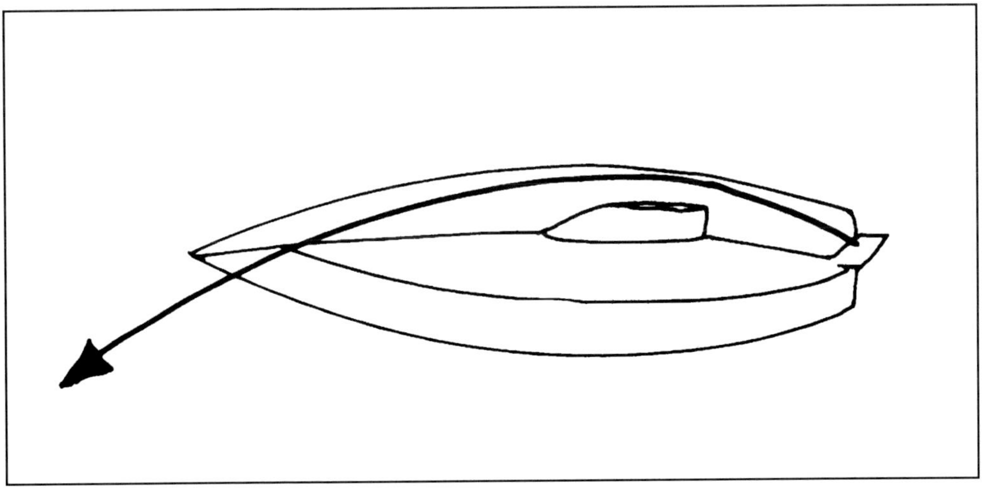

Gekrümmte Leewasserlinie = zunehmende Luvgierigkeit

bedeutend mehr Kraft darauf verwendet, das Boot zu krängen als es nach vorne zu treiben. Man muß sich nur einmal vorstellen, daß der Masttop sich mehrere Meter über der Wasseroberfläche in Lee befindet. Das Eigengewicht des Mastes und der starke Winddruck zwingen sozusagen das Boot in die Knie.

Das Lateralzentrum rückt vor das Segelzentrum, was zur Folge hat, daß das Boot äußerst luvgierig wird. Um diesem entgegenzuwirken, muß man kräftig Ruder legen. Jetzt aber steht das Ruder quer und wirkt quasi wie eine Bremse. Es ist so, als ob jemand freiwillig achtern eine Pütz raushängt, um langsamer zu segeln.

Das eine Boot krängt um 10°, das andere um 30°. Es ist klar, daß letzteres so weit krängt, daß man das nicht mehr hinnehmen kann. Der Masttop ragt viele Meter über der Wasserfläche in Lee, was gleichbedeutend damit ist, daß der Wind das Boot tiefer in die See drückt. Das verschobene Segelzentrum wie auch die krumme Wasserlinie in Lee verursachen eine extreme Luvgierigkeit. Resultat: Die Geschwindigkeit sinkt drastisch. Zur Erinnerung: Es macht ein Boot auch nicht schneller, wenn man die ganze Zeit das Ruder so

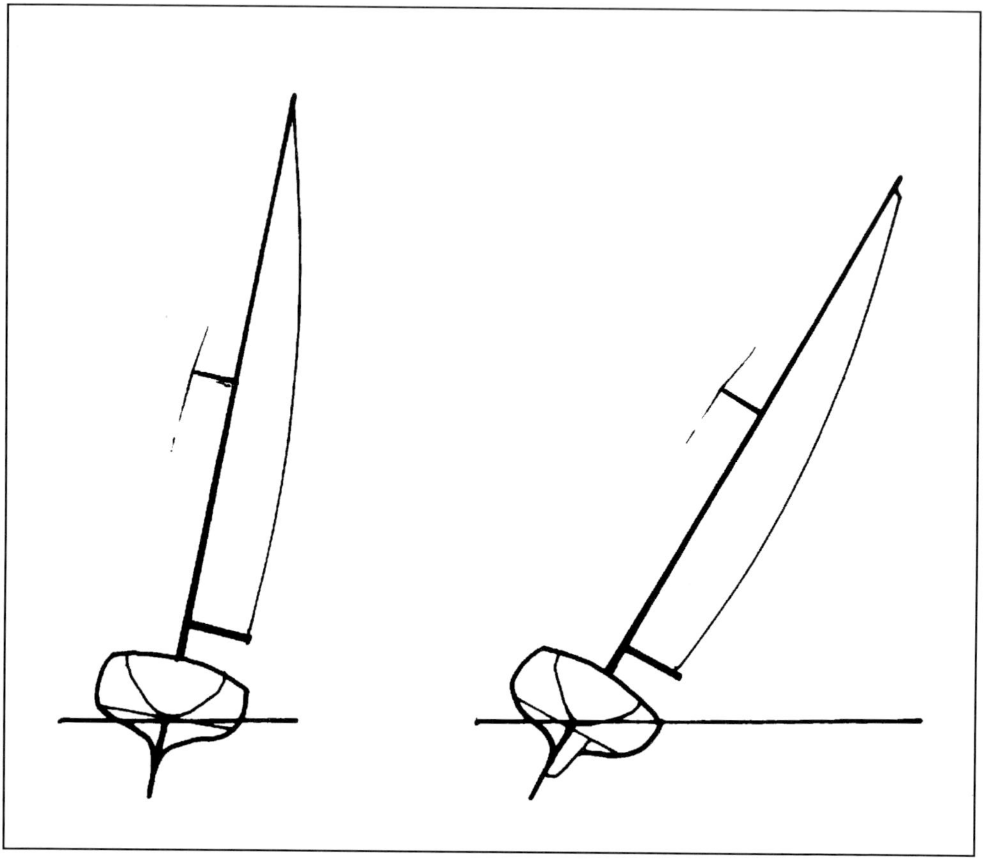

Bei dem um 30° gekrängten Boot (rechts) verursachen das verschobene Segelzentrum und die gekrümmte Leewasserlinie eine verstärkte Luvgierigkeit

stark legen muß, daß es fast quersteht, um das Schiff auf Kurs zu halten. Doch nicht genug damit, daß die Fahrt drastisch sinkt. Auch die Abdrift vergrößert sich so, daß sie unakzeptabel wird. Es ist ganz klar, daß Winddruck auf einen freien Rumpf, Kiel und Ruder, die nicht tief im Waser stecken, ein Boot förmlich dazu zwingt, sich seitwärts zu bewegen.

Eine andere Sache ist die, daß es für alle an Bord ziemlich unbehaglich ist, mit einer großen Schräglage zu segeln. Und noch etwas: Eine große Krängung hat schon so manche segelwillige Ehefrau dermaßen erschreckt, daß sie nur noch ihre Füße an Bord eines Bootes setzt, wenn es fest vertäut im Hafen liegt.

Kurzgefaßt

Geschwindigkeit und Seeverhalten werden durch Krängung von mehr als 20° nachteilig beeinflußt (Ausnahme ältere Risse und Kutter). Gekrümmte Wasserlinie in Lee = Boot wird luvgierig. Durch kräftigen Ruderdruck Bremswirkung. Abdrift vergrößert sich.

So wird Krängung vermieden

Genug der Kritik! Wie kann man nun allzu große Krängung vermeiden? Ein Regattasegler läßt seine Mitsegler auf der Kante platznehmen, in Luv versteht sich. Doch dies ist wohl für einen Fahrtensegler ein eher unrealistisches Unterfangen, Kind, Kegel und Ehefrau/Ehemann auf die Luvkante zu zwingen. Was man tun sollte, ist, daß alle im Cockpit in Luv sitzen – und das möglichst weit vorne. Vor allen Dingen sollte man frühzeitig reffen, um den Druck auf Segel und Boot zu verringern.

Heutzutage ist das Reffen ein einfaches und völlig undramatisches Unterfangen, wenn man ein Bindereff hat, das außerdem noch vom Cockpit aus bedient werden kann. Daß die Genua rechtzeitig gegen eine kleine Fock ausgetauscht werden muß, bedarf an und für sich keiner besonderen Erwähnung. Ist der Wind nicht stabil – mal stärker, mal schwächer –, kann man den Traveller oder auch die Großschot auffieren. Das Segel öffnet sich, und der Druck nimmt ab. Auch die Fockschotleitöse kann man, wenn die Möglichkeit besteht, weiter nach Lee setzen. Achterstag, Fall und Cunningham werden kräftig durchgesetzt.

Auf den Punkt gebracht: Man sollte nichts unversucht lassen, um das Boot aufrecht segeln zu lassen. Das ist die Grundlage für angenehme und schnelle Segeltouren.

Noch eine kleine Ergänzung: Bei schwachem Wind kann es sinnvoll und vorteilhaft sein, das Boot künstlich zu krängen. Eine kleine Krängung bewirkt, daß das Segel seinen natürlichen Bauch annimmt und sich dadurch die Vorwärtskraft vergrößert. Die Crew setzt sich nach Lee, und schon verschwinden die Falten im Segel.

Kurzgefaßt

Mannschaft auf die hohe Kante; im Cockpit in Luv und möglichst weit vorn sitzen. Rechtzeitig reffen, Genua gegen Fock tauschen. Bei stärkerem Wind Traveller und Großschot fieren. So aufrecht wie möglich segeln.

Die Gewichtsverteilung

Wieviel loses Gewicht stopfen wir eigentlich so in unser Boot? Diese Frage muß jeder für sich beantworten. Nehmen wir das typische Beispiel: den Urlaubstörn. Mengen an Kleidung und Nahrungsmitteln werden weggestaut, weil sie – aus welchem Grund auch immer – auf der Mitnahmeliste stehen. Jegliche Gewichtsvergrößerung wirkt sich jedoch negativ auf die Geschwindigkeit des Bootes aus. Und wenn all diese Dinge aber mitmüssen? Dann sollte man sich wirklich Gedanken machen, wohin man die Sachen verstaut. Schwere Teile dürfen nicht in Bug und Heck gestaut werden. Bei Seegang bohrt sich nämlich aufgrund des Gewichts der Steven tief in die See. Er geht steil nach oben – hinten ist schließlich auch noch Gewicht –, um anschließend wieder tief hinunterzufallen.

Diese Bewegungen sind nicht nur unangenehm für die Besatzung, sie setzen auch die Geschwindigkeit stark herab. Wie ein Pendel schwingt der Mast hin und her und schlägt damit den Wind aus den Segeln.

Für den Rumpf des Bootes bedeutet dies eine unnötige *Friktion* (Reibung) im Wasser. Ideal wäre es, wenn das Boot waagerecht die Wellen auf und ab segeln könnte, was sich natürlich nicht so ohne weiteres machen läßt. Trotzdem kann man viel tun, um sich diesem Idealzustand anzunähern.

Es ist immer angebracht, alle schweren Gegenstände so tief wie möglich im Schiff zu verstauen oder anzubringen. Vor dem Mast und auch ca. 1 m entfernt vom Achterstag ist nur leichte Ausrüstung unterzubringen. Die Crew sollte immer so weit vorne wie möglich im Cockpit sitzen.

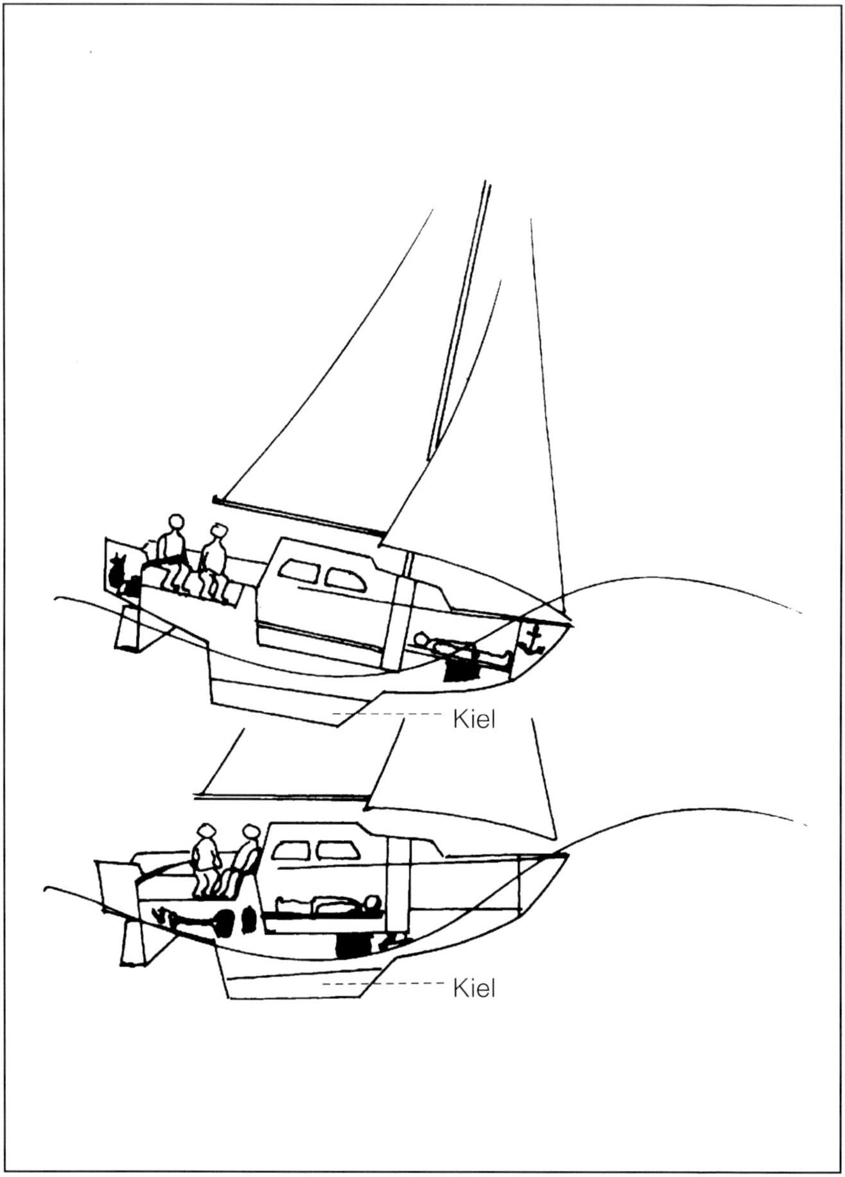

Schwere Ausrüstungsgegenstände und auch die Crew sollten nicht unüberlegt im Boot plaziert werden, wenn man bei Seegang segelt. Häufig könnte ein Feststampfen in der See vermieden werden

Ich möchte abschließend noch auf einen weit verbreiteten Fehler hinweisen: Viele Skipper legen ihren Anker ganz weit vorne in den Steven und ein paar schwere Gasflaschen ins Heck. Das Resultat ist oben beschrieben: Raketenverhalten.

Tip: Segelt man in etwas schwererer See oder in der Regatta, sollte man alles Gewicht mehr um den Schiffsmittelpunkt plazieren.

Kurzgefaßt

Jegliche Gewichtsvergrößerung wirkt sich negativ auf die Geschwindigkeit aus. Schwere Ausrüstungsgegenstände nicht in Bug oder Heck stauen, besser – falls möglich – mittschiffs so tief wie es geht.

Kreuzkurse

Leichter Wind, 0 bis 3 m/sek

Großsegel
- Traveller in Luv von der Mitte
- Schot losgeben, so daß eine Vertwistung entsteht
- das Fall ein wenig losgeben
- Unterliekstrecker auffieren
- Baumniederholer auffieren
- kein Cunningham

Fock
- Normaler Holepunkt
- die Schot ein wenig auffieren
- das Fockfall ein wenig auffieren

Darüber hinaus
- Achterstag nur soweit dichtsetzen, daß der Masttop abgestützt wird
- die Crew nach Lee verlagern

Mittlerer Wind, 4 bis 6 m/sek

Großsegel
- Traveller in die Mitte
- Dichtnehmen des Falls, bis die Falten im Segel verschwinden
- Unterliekstrecker zur Hilfe nehmen, bis die Falten verschwinden
- den Baumniederholer etwas dichter nehmen, so daß der Baum gestützt wird
- Cunningham ein wenig dicht nehmen

Fock
- Normaler Holepunkt
- Fockfall dichtnehmen, bis die Falten verschwinden

Darüber hinaus
- Das Achterstag ein wenig anziehen, so daß man eine schwache Mastkrümmung erreicht
- die Crew sollte überwiegend auf der Luvseite im Cockpit sitzen.

Frischer Wind, 7 bis 10 m/sek

Großsegel

- Traveller ein wenig nach Lee von der Mitte
- Traveller in Böen auffieren
- das Großfall bis zum Top hochziehen
- Unterliekstrecker durchsetzen
- Niederholer durchsetzen, damit das Segel flacher wird
- Cunningham durchsetzen
- Reffvorrichtung klarhalten

Fock

- Normaler Holepunkt oder ein wenig weiter nach achtern
- Fockfall kräftig durchsetzen

Darüber hinaus

- Achterstag durchsetzen
- Crew auf die Kante
- bei zu starker Krängung 1. Reff einbinden

Starker Wind, über 10 m/sek (mit 1. Reff)

Großsegel

- Traveller weit nach Lee von der Mitte
- das 2. Reff klarhalten
- Regeln wie unter »Frischer Wind, 7 bis 10 m/sek«

Fock

- Holepunkt weiter nach achtern als normal, wenn möglich weiter nach Lee
- Fockfall gut durchsetzen

Darüber hinaus

- Wenn möglich, stehendes Gut noch weiter durchsetzen, wobei natürlich auch auf Fock- und Großfall zu achten ist
- bei zu starker Krängung 2. Reff einbinden

Halber Wind

Alle Windstärken

- Holepunkte nach Lee
- Unterliekstrecker auffieren
- kein Cunningham
- Niederholer dichtsetzen
- Reff ausschütten (gilt für Regatten)
- in Böen bei starkem Wind auffieren
- Achterstag etwas losgeben

Wind von achtern

Alle Windstärken

- Holepunkte ganz nach Lee
- Unterliekstrecker und Fall ein wenig auffieren
- Trimmleine des Großsegels ein wenig dichtsetzen
- Achterstag losgeben
- Vorsegel ausbaumen
- kein Cunningham
- Niederholer durchsetzen
- kein Reff

Clemens Richter
Hafenmanöver unter Segel und Motor
Reihe Bordpraxis – Seemannschaft
ca. 70 Seiten, ca. 35 Abb., broschiert
DM/sFr 16,80/öS 131,– Bestell-Nr. 50197

Michael Heinrichs
Mast und Rigg richtig trimmen
Reihe Bordpraxis – Seemannschaft
ca. 90 Seiten, ca. 30 Abb., broschiert
DM/sFr 19,80/öS 155,– Bestell-Nr. 50196

Dieter Brümmer
Bootsmotoren leicht repariert
Reihe Bordpraxis – Technik
ca. 70 Seiten, ca. 30 Abb., broschiert
DM/sFr 16,80/öS 131,– Bestell-Nr. 50198

Änderungen vorbehalten

»Bordpraxis«

– die neue Reihe,
die zur Sache kommt

Clemens Richter
Wetterkunde
richtig angewandt
Reihe Bordpraxis – Nautik
ca. 90 Seiten, ca. 40 Abb.,
broschiert
DM/sFr 19,80 / öS 155,–
Bestell-Nr. 50195

pietsch

DER VERLAG FÜR
MARITIM-BÜCHER
Postfach 10 37 43 · 70032 Stuttgart